Katharina Schulze
mit Alex Burger

MUT GEBEN
STATT ANGST MACHEN

POLITIK FÜR EINE NEUE ZEIT

Mit einem Vorwort
von Robert Habeck

Besuchen Sie uns im Internet:
www.droemer.de

Dieses Buch ist klimaneutral produziert.

Originalausgabe Februar 2020
Droemer Verlag
Ein Imprint der Verlagsgruppe
Droemer Knaur GmbH & Co. KG, München
Alle Rechte vorbehalten. Das Werk darf – auch teilweise – nur mit
Genehmigung des Verlags wiedergegeben werden.
Redaktion, textliche Mitarbeit und Lektorat:
Alexandra Bauer (textwerk, München)
Covergestaltung: ZERO Werbeagentur, München
Coverabbildung: Sebastian Arlt
Satz: Adobe InDesign im Verlag
Druck und Bindung: CPI books GmbH, Leck
ISBN 978-3-426-27813-0

2   4   5   3   1

Für all die, die unsere Welt verbessern.
Im Großen wie im Kleinen.

Inhalt

Vorwort von Robert Habeck 9

Ein Plädoyer für mehr Mut 11

I. Die großen Herausforderungen unserer Zeit **16**
Warum ich mache, was ich mache 16
Demokratie verteidigen und stärken 21
Das Klima und die natürlichen Lebensgrundlagen schützen 42
Digitale Transformation für alle 57
Wohlstand fällt nicht vom Himmel 81
Globalisierung: gemeinsam mehr erreichen 94
Gleiche Chancen für alle – gegen soziale Spaltung 105

II. Ohne Haltung geht es nicht **118**
Herz auf, Angst raus 118
Wir sind nicht allein 130
Gerechtigkeit und Solidarität: mehr als Umverteilung 133
Gute Politik schafft Freiheit für alle 138

III. Verantwortung übernehmen – Zukunft gestalten **146**
Gesellschaft und Gemeinschaft: was uns trennt
und was uns eint 146
Markt oder Staat? Pragmatismus ist angesagt! 150
Die aktive Bürger*innen-Gesellschaft 157
Von zeitgemäßer Führung und Kommunikation 161
Wie Generationen das Land prägen 170
Die Zukunft ist weiblich 184

Nachwort 197

Dank 199

Vorwort von Robert Habeck

Im Jahr 2018 schien es nur ein politisches Thema zu geben: Flucht und Asyl. Und es schien nur eine Form des politischen Umgangs damit zu geben: zunehmende Härte. Die politische Sprache wurde immer roher, die Metaphern immer kruder. Namentlich die CSU in Bayern bediente sich zunehmend eines Jargons, der bisher nur im Rechtspopulismus zu Hause war – und adelte ihn so. Die Rede war von »Anti-Abschiebe-Industrie«, »Asyltourismus« und »konservativer Revolution«. Alexander Dobrindt rechnete die AfD wie selbstverständlich zu den bürgerlichen Parteien. Horst Seehofer ließ einen Masterplan beschließen, den keiner kannte. Im Sommer 2018 eskalierte der Streit innerhalb der Union so weit, dass die Gemeinschaft von CDU und CSU infrage stand.

Dann passierte etwas, das keine Partei und keine Regierung beschlossen hatte. Und es fand seine Stimme in Bayern, mitten im Wahlkampf: Viele, viele Menschen in Bayern verweigerten sich der Verrohung von Sprache und Politik. Handwerker*innen, Unternehmer*innen erhoben die Stimme und forderten: »Schiebt meine Mitarbeiter nicht ab! Mein Betrieb, unsere Wirtschaft braucht sie.« Großmütter gingen auf die Straße – viele erstmals in ihrem Leben – und riefen: »Stopp!« Bürgerinnen und Bürger zeigten, wir sind ein anderes Land. Die Zivilgesellschaft zeigte Zivilcourage.

Deshalb haben wir heute eine andere politische Gemengelage, und zwar eine bessere. Nicht, dass es einfach wäre, aber die politische Diskussion hat Mut für Neues gefasst: für eine Debatte über die Art, wie wir miteinander leben wollen. Gemacht haben den Umbruch die Menschen in Bayern, die sagten, wir wollen, dass anders gestritten und Politik gemacht wird. Und daran sollte sich Politik immer erinnern, auch über den Wahlkampf 2018 hinaus. Sie sollte Mut machen.

Katharina Schulzes Buch steht für diesen Auf- und Umbruch, sie erzählt uns darin von ihren Vorstellungen, ihren Ideen, aber auch von ihren Visionen, wie Gesellschaft heute gelebt werden kann. Sie zeigt, wie wir miteinander zivilisiert über den richtigen Weg in Zukunft streiten können.

Ein Plädoyer für mehr Mut

Liebe Leserin, lieber Leser,

ich plädiere für eine ökologisch und sozial erneuerte Republik. Für ein Land, das sich seiner Verantwortung für die nachfolgenden Generationen bewusst ist. Für ein Land, das einem digitalen Humanismus verpflichtet ist und der europäischen Integration. Ich will in einer Gesellschaft leben, in der nicht die Herkunft oder das Geschlecht darüber entscheidet, welche Chancen jemand hat, sondern die Antwort auf die Frage: Welche Werte leiten dein Denken und Handeln? Was willst du erreichen?

Mit dem Wandel der Generationen ändert sich auch die Vorstellung von einem guten Leben. Oder die Vorstellung von Glück. Die Idee vom sozialen Aufstieg, der sich durch materielle Güter ausdrückt, wird hohl. Ein großes Haus, regelmäßig in den Urlaub zu fliegen, ein teures Auto und der Besitz vieler anderer Güter – diese Art von Wohlstand ist für viele jüngere Menschen nicht mehr das Ziel ihrer Träume. Nur Güter anzuhäufen ist zu wenig. Eine Arbeit, die Sinn macht und nicht nur Geld einbringt, Beziehungen und Freundschaften, die auf gleicher Augenhöhe stattfinden, und ein selbstbestimmtes Leben, das Raum lässt für gesellschaftliche Verantwortung – diese Ziele rücken in den Fokus. Der Homo oeconomicus, der vor allem an seinen persönlichen Nutzen denkt, wird nicht verschwinden. Aber er bekommt einen Homo politicus an die Seite gestellt, mit dem er künftig ringen muss. Und das ist gut!

Ich bin überzeugt davon, dass genau das unsere Freiheit vergrößern und nicht einengen wird. Gemeinsam Verantwortung zu übernehmen, Garantien für die Freiheit aller zu schaffen als vordringliche politische Aufgabe (auch mit Blick auf den Schutz der Lebensgrundlagen kommender Generationen) und Werte statt Herkunft als Maßstab unseres Zusammenlebens zu setzen: Diese Ideen einer republikanischen Freiheit sind in meinen Augen viel besser geeignet, um die Zukunft zu gestalten, als eine (neo-)liberale Vorstellung von Freiheit. Denn die zeichnet sich vor allem durch Skepsis gegenüber staatlicher Regulierung aus. Die republikanische Freiheit gibt uns hingegen Halt und Orientierung, Schutz und die Möglichkeit zur Entfaltung.

Diese Freiheit muss gegen alle verteidigt werden, die sie durch autoritäres Denken und Handeln einschränken wollen. Es macht dabei erst einmal keinen Unterschied, ob das autoritäre Denken versucht, sich religiös zu rechtfertigen, wie beim Islamismus oder Salafismus. Oder ob dies durch den Verweis auf kulturelle Zugehörigkeit geschieht oder gar mit der ethnischen Herkunft begründet wird, wie die Rechtspopulisten und Rechtsextremen es immer versuchen. Wer so denkt, schließt in der Realität einer modernen und vielfältigen Gesellschaft immer große Gruppen vom Recht auf Freiheit aus: Jene, die vermeintlich eine »falsche« Religion haben, jene, die einen »anderen« kulturellen Hintergrund haben, oder jene, die der »falschen« Ethnie angehören. Lasst uns die Verschiedenheiten respektieren und unabhängig davon jedem Menschen die gleichen Freiheiten, Sicherheiten und Chancen garantieren! Und immer dran denken: Liebe ist stärker als Hass.

Unsere Loyalität sollte deswegen in erster Linie Prinzipien und Werten des Zusammenlebens gelten, die universell und nicht an eine bestimmte Herkunft oder einen bestimmten Glauben gebunden sind. Diese Idee des Verfassungspatriotismus als einer »Verteidigungsgemeinschaft gegen autoritäre Herausforderungen«[1] ist eine wunderbare Leitidee für unser Zusammenleben.

Ich bin davon überzeugt: Freiheit, Verantwortung – auch

für die Zukunft –, Anerkennung und Teilhabe sind die richtigen Maßstäbe, um konkrete politische Herausforderungen zu meistern. Das gilt für die ökologische und digitale Transformation genauso wie für die Globalisierung oder die wachsende gesellschaftliche Vielfalt. Wir brauchen dafür zudem ein Mindestmaß an Solidarität. Wenn ich Freiheitsrechte besitze, aber mein Leben von wirtschaftlichen Abhängigkeiten durchzogen ist, bin ich nicht wirklich frei. Denn auch Machtstrukturen auf den Märkten schaffen Unfreiheit. Wenn ich gezwungen bin, jede Arbeit anzunehmen oder in irgendeine Wohnung zu ziehen, weil die Lage auf dem Arbeits- oder Wohnungsmarkt schlecht ist, bin ich nicht frei. Wenn die Vorgesetzten oder Vermieter*innen ihre Machtposition ausnützen, erst recht nicht. Nicht jede und jeder wird sich aus eigener Kraft aus solchen Abhängigkeitsverhältnissen befreien können; deshalb bedarf es einer solidarischen Politik, um Freiheit für alle zu garantieren. Welche Politik man bevorzugt, ist immer auch eine Frage des Menschenbildes. Ich glaube nicht an die marktradikale Erzählung, nach der man die Menschen vor allem sich selbst überlassen muss, damit sie Initiative zeigen. Ich glaube auch nicht an die konservative Erzählung, die den Menschen vor allem als defizitäres Wesen oder als »Sünder*in« sieht. Genauso wenig glaube ich an die Erzählung einiger Linker, dass mit möglichst viel Sozialtransfers Chancengerechtigkeit herbeigeführt wird. Menschen sind unterschiedlich, und ihre individuellen Talente müssen bestmöglich gefördert werden. Ich glaube daran, dass Menschen fähig sind zur Empathie, zu gemeinschaftlichem und verantwortungsvollem Handeln – vorausgesetzt, die Rahmenbedingungen und die politischen Umstände stimmen. Und genau dafür müssen wir sorgen.

Das mag vielleicht etwas überschwänglich oder utopisch klingen, kreisen unsere politischen Debatten doch zu oft um Einzelfragen und um das Hier und Heute. Das große Bild und die langen Linien bleiben da gern mal auf der Strecke. Denn die nächste Wahl steht in einer Demokratie immer kurz vor der Tür, die nächste Empörungsspirale wartet auf Twitter, und ständig kommen neue Herausforderungen auf uns zu. Aber ich bin überzeugt, dass wir genau über diese großen Fragen reden und ringen müssen: über die wichtigen und richtigen Werte – und über Visionen, mögen sie auch manchmal utopisch anmuten. Und wir brauchen Menschen, die genau dafür einstehen. Denn diese Visionen sind es, die uns einen und voranbringen können und dem politischen Alltag – der manchmal eben nicht anders sein kann als grau – eine Richtung und ein Ziel geben. Wir müssen als Gesellschaft für uns definieren, wohin wir wollen, um den Weg einschlagen zu können, der uns dann gemeinsam dorthin führt.

Wer denkt, das ist doch nicht machbar, den möchte ich an ein Projekt erinnern, das auch erst mal nicht möglich erschien: 2019 hat sich zum 50. Mal die Landung der ersten Menschen auf dem Mond gejährt. Es war aus heutiger Sicht ein fast irrwitziges Projekt, denn innerhalb von zehn Jahren sollte ein Mensch auf den Mond gebracht werden. Trotz oder vielleicht gerade weil die Aufgabe so groß und der Erfolg so unsicher war, setzte das visionäre Projekt unglaubliche Kräfte und Energien frei.

John F. Kennedy hat damals das Wort »Moonshot« geprägt. Es ist ein politischer Begriff: eine große Idee, die fast zu groß für die Menschheit erscheint. »We choose to go to the moon in this decade and do the other things, not because they are easy, but because they are hard …«, sagte Kennedy. Wenn also die Politik sich ein Ziel setzt und in langen Linien denkt, unterschiedliche Menschen zusammenbringt und den Rahmen für die besten Ideen setzt, können wir Dinge schaffen, die heute unvorstellbar sind. Ich bin mir sicher, würden wir Kennedy heute fragen, was sein Moonshot wäre – es wäre der Kampf gegen den Klimawandel.

Auch dafür müssen wir diese Kraft und Energie visionärer Ideen heute anzapfen. Gibt es eigentlich eine größere und lohnendere Vision für uns als die Rettung unserer Zivilisation vor der Zerstörung durch die Überhitzung des Erdklimas und den Schwund der Artenvielfalt, damit wir alle gut und sicher auf unserer Erde noch weiterleben können? Ich kann mir keine vorstellen. Und deshalb bin ich trotz aller negativen Entwicklungen und bedrohlichen Fakten zuversichtlich, dass wir diese Krisen zusammen meistern können. Denn es gibt so viele engagierte, kluge, besonnene, experimentierfreudige Bürger*innen, Unternehmer*innen und auch Politiker*innen – wenn die sich zusammenschließen, kann Großes entstehen. Dafür braucht es die richtigen politischen Entscheidungen, das Engagement der Bürgerinnen und Bürger sowie das Vertrauen in unsere Fähigkeiten, Herausforderungen zu meistern. Es braucht aber vor allem eines: den Mut voranzugehen und die Angst vor der Veränderung zurückzulassen. Einen aktiven und tätigen Optimismus. Das können und werden wir schaffen. Und deshalb bin ich überzeugt: Das Beste liegt noch vor uns.

Katharina Schulze
München im Februar 2020

I. Die großen Herausforderungen unserer Zeit

Warum ich mache, was ich mache

Manchmal entscheidet sich an einem einzelnen Tag, ob alles so ausgeht, wie man es sich wünscht. Der 14. Oktober 2018 war so ein Tag für mich. Es ist Sonntag, 17.30 Uhr, ich sitze in einem kleinen, ziemlich warmen Sitzungssaal im Bayerischen Landtag. Den ganzen Tag über bin ich schon nervös, aufgeregt, angespannt – und kann es kaum erwarten, dass es endlich Abend wird. Es wuselt um mich herum, der Fernseher läuft, die letzten Absprachen werden getroffen, und dann geht der Großteil aus dem Raum, runter zur Wahlparty. Es wird still, denn jetzt kann man wirklich nichts mehr machen – nur noch warten. Und das ist wahrlich nicht meine Stärke. Aber so funktioniert eben Demokratie. Die Bürgerinnen und Bürger haben das Wort … Und ich bin schon so gespannt, was sie sagen werden!

In einer halben Stunde, also um Punkt 18 Uhr, entscheidet sich, ob unsere organisatorischen, strategischen und inhaltlichen Vorbereitungen seit 2013 für ein grünes Bayern richtig waren. Ob sich die Tausende von Bahnkilometern durchs ganze Land ausgezahlt haben. Ob die über 600 Veranstaltungen – allein von Juli bis Oktober – ausgereicht haben. Ob meine Reden bei den *30 Town Hall Meetings*, in den neun Festzelten, den zahlreichen Diskussionsveranstaltungen genügt haben. Ob wir an ausreichend vielen Haustüren geklingelt und hinreichend Infostände gemacht haben. Ob genug Menschen begeistert worden sind: für eine ökologische und sozial gerechte Politik. Ob die Online-Kampagne und mein ständiges Erzählen, Werben, Mitnehmen auf Twitter, Instagram, Facebook und Co. Anklang gefunden haben – oder ob es mein Umfeld irgendwann nur noch genervt hat. Ob die vielen, vielen Pressetermine – von der *Allgäuer Zeitung* bis zur *Financial Times* – genutzt haben, das Mitglieder-Motivieren, die Solidarität untereinander, die Lachflashs, die Unmengen Spezi, Pizza und Eisabende. Ob die endlosen Sitzungen in der Wahlkampf- und Programmkommission, der harte Kampf, als einen Schwerpunkt im Wahlkampf gleiche Rechte und Chancen für Frauen zu nehmen, sich rentiert haben. Ob die schlaflosen Nächte, die vollen Tage, die manchmal schier nicht enden wollenden Diskussionen und Konflikte sich gelohnt haben … Bald werde ich es wissen.

Es ist 17.45 Uhr und ich gehe in meinem Kopf immer wieder die Worte durch, die ich später sagen möchte. Ich hoffe, ich kann mich nachher noch daran erinnern.

Und dann, endlich, gibt es um genau 18 Uhr die ersten Hochrechnungen. In der *Tagesschau* wird es passend zusammengefasst: »Guten Abend meine Damen und Herren, ich begrüße sie zur Tagesschau …« Meine Nerven liegen blank, als Nachrichtsprecher Jan Hofer fortfährt: »… Die Landtagswahl in Bayern hat die politischen Kräfteverhältnisse stark verändert … zu den aktuellen Zahlen jetzt Jörg Schönenborn aus dem ARD-Wahlstudio aus München.« Ich schließe die Augen, bange, hoffe und halte meine beiden Daumen fest gedrückt. »Das ist die aktuelle Hochrechnung … die Grünen 17,8, auch das ihr deutlich bester Wert …« Ich kann es kaum glauben – es hat gereicht. Zum Glück. Wir haben es geschafft. Jaaaahhh!!! Welch ein Wahnsinn! Plötzlich lässt die ganze Anspannung, die sich in den letzten Monaten aufgebaut hat, nach, und in mir streiten sich die widersprüchlichsten Gefühle. Ich bin total erleichtert, überglücklich und gleichzeitig hundemüde. Was für ein Tag! Wir Bayerischen Grünen haben zum ersten Mal in unserer Geschichte über zehn Prozent bei einer Landtagswahl eingefahren. Wir sind zweitstärkste Kraft geworden und haben die absolute Mehrheit der CSU gebrochen. Ach ja! Sechs Direktmandate haben wir im ehemals schwarzen Bayern zum ersten Mal auch noch geholt. *Oh Happy Day!*

Während des Wahlkampfes wurde ich oft gefragt, warum ich eigentlich »so engagiert« sei. Warum ich bei den Grünen Politik mache und mich für konsequenten Klimaschutz streite. Warum ich mich für Feminismus und eine gerechte Gesellschaft einsetze. Und warum ich auch noch regelmäßig auf Anti-Nazi-Demos gehe, obwohl ich doch schon Mitglied des Landtages (MdL) bin.

Die ersten Male habe ich das mit einem »Ich bin halt so« beantwortet. Ich kenne mich eben nur so: Wenn mich was ärgert, möchte ich es ändern. Wenn ich Ungerechtigkeiten sehe, möchte ich diese beseitigen. Und wenn Autoritäten ihre Macht missbrauchen, dann macht mich das einfach wütend. Zum Glück bin ich in einem Elternhaus aufgewachsen, in dem mein Bruder und ich von Anfang an gelernt haben: »Du bekommst die Welt nicht besser gemeckert, du musst sie besser machen.« Das ist wahrscheinlich auch einer der Hauptgründe für mein Engagement – selbst wenn das damals nicht unbedingt die Antwort war, die man als Kind oder Jugendliche hören wollte. Aber sie hat einen etwas ganz Wichtiges gelehrt: Von beleidigt im Zimmer sitzen, sauer ein Pamphlet schreiben oder resignieren ändert sich rein gar nichts. Vielmehr muss man proaktiv agieren, nachdenken, was man ändern kann, Bündnisse schmieden und einen eigenen inneren Kompass entwickeln. Mit diesem inneren Kompass, der die eigenen Werte und Grundüberzeugungen ausmacht, segelt es sich wesentlich leichter durch die Irrungen und Wirrungen des Lebens.

Und so kam es, dass ich 2008 zum ersten Mal bei der Grünen Jugend München vorbeigeschaut habe. Davor war ich mehr vor Ort engagiert, beispielsweise an meiner Schule oder bei der Bayerischen AIDS-Stiftung. Je länger ich aber Projekte vorantrieb, desto öfter stellte ich mir die Frage, ob ich hier wirklich an der richtigen Stelle bin. Müsste man nicht viel eher dort aktiv sein, wo man Rahmenbedingungen verändert? Wo man Gesetze macht? Wo man die großen Linien diskutiert? Ich abonnierte also den Newsletter der Grünen Jugend München. Und las am Anfang einfach nur mit. Später redete ich mit. Und kurz danach wurde ich zur Vorsitzenden gewählt. Wir hatten viel vor: Wir wollten den Klimaschutz forcieren, die Olympischen Winterspiele in Bayern verhindern, Nazis keinen Fußbreit gönnen – und eine feministische Gesellschaft!

Das ist auch heute noch mein Antrieb, Politik zu machen. Die Olympischen Winterspiele in Bayern konnte ich als Sprecherin des Bündnisses *NOlympia München* zusammen mit vielen anderen mittels eines Bürgerentscheids verhindern – und damit der Stadt München viel Geld sparen, aber für echten Klimaschutz, die Stärkung unserer Demokratie und einer gleichberechtigten Gesellschaft muss noch viel getan werden. Gute Politik beginnt also immer mit den richtigen Inhalten. Aber sie braucht auch Mehrheiten, und deshalb hat Politik, demokratische zumal, eben auch etwas mit Kompromissen und dem Ausgleich von Interessen zu tun. Dabei werden natürlich nicht alle zufriedengestellt, manche haben den Eindruck, sie kommen schlecht weg oder ihre Sorgen werden nicht berücksichtigt. Ich finde das, was wir in den letzten Jahren erleben, ist aber mehr als nur der Protest gegen bestimmte Projekte und Entwicklungen. Ich finde, es ist die Auseinandersetzung darum, wie wir mit grundlegenden Veränderungen wie etwa dem Klimawandel oder der Digitalisierung, in der wir mittendrin stehen, umgehen. Es sind vier Fragen, die mit Wucht auf die politische Tagesordnung drängen, die alle auf eine Antwort warten und sowohl unser persönliches Leben verändern als auch die politische Agenda:

1. Wie können wir so leben und wirtschaften, dass unser Ökosystem (Klima und Biodiversität) intakt bleibt?

2. Wie können wir unter den Bedingungen globaler Konkurrenz Wohlstand, soziale und demokratische Teilhabe sowie Gerechtigkeit für alle sicherstellen?

3. Wie schaffen wir angesichts von Individualisierung – sich ausdifferenzierender Lebenslagen und -modelle –, Globalisierung und Migration, eine gesellschaftliche Identität beziehungsweise ein Gefühl der Zugehörigkeit und des Vertrauens?

4. Wie gestalten wir die digitale Transformation so, dass die Autonomie des Menschen gestärkt, nicht eingeschränkt wird?

Selbst wenn man sich das nicht tagtäglich vor Augen führt, spürt man doch den Umbruch, der gerade vor sich geht. Vermeintliche Selbstverständlichkeiten sind nicht mehr so selbstverständlich wie etwa unsere Demokratie oder das vereinigte Europa. Diskussionen über verschiedene Themen und Entscheidungen dafür oder dagegen geschehen nur teilweise aufgrund von Fakten und wissenschaftlichen Erkenntnissen – gleichzeitig passiert vieles sehr schnell und parallel. Das alles führt zu den verschiedensten Reaktionen, sowohl seitens der Bürger*innen als auch der Parteien: Die einen heißen Veränderungen wie die digitale Transformation willkommen, die anderen bekämpfen sie, und wieder andere sind unsicher, was sie überhaupt davon halten sollen. Eine solche Situation schafft Raum für Demagogie und Populismus. Deshalb ist es meiner Meinung nach zwingend, sich die Fakten und Möglichkeiten auf den wichtigsten Politikfeldern anzusehen, um die Diskussionen auf eine rationale Grundlage zu stellen. Und dann muss natürlich auch gehandelt und die Veränderungen müssen mitgestaltet werden. Das Ziel muss sein, die Umwälzungen zu reflektieren und so zu gestalten, dass wir die besten Lösungen für die gesamte Gesellschaft finden, in der wir leben. Das ist Aufgabe der Politik. Und genau deswegen mache ich Politik.

Demokratie verteidigen und stärken

Demokratie ist ein großes Wort. Sie beginnt aber schon im ganz Kleinen. Ich erinnere mich noch gut, als ich zum ersten Mal Demokratie am eigenen Leib erfahren habe – ohne damals genau gewusst zu haben, dass das jetzt »diese Demokratie« ist. In der zweiten Klasse der Grundschule Herrsching. Die Wahl zu den Klassensprecher*innen. Am Ende hieß es: Kai und Katharina vertreten ab jetzt die Klasse 2b. Ich hatte meine erste Wahl hinter mir und wurde auch das erste Mal gewählt. Ging schnell und tat gar nicht weh.

Demokratie in einer modernen, komplexen Gesellschaft heißt zunächst einmal: Akzeptanz von Vielfalt. Die Bürger*innen im Deutschland des 21. Jahrhunderts sind viel unterschiedlicher als noch vor 50 oder 60 Jahren. Das betrifft ihre Herkunft, ihre Vorstellungen davon, was ein glückliches Leben ist, welche Traditionen ihnen wichtig sind und welche nicht, ob sie einer Religion anhängen oder nicht. Auch die Möglichkeiten, sich in der Welt zu bewegen, sind natürlich ganz andere: Vom Schüleraustausch in Indien über ein Studiensemester in Kanada bis hin zum Auslandspraktikum in Südafrika – oder gar nichts davon – ist alles drin. Alle sind gleichberechtigte Teile der Gesellschaft und somit gleichberechtigte Bürger*innen des Staates. Sie sind das nicht, weil sie einer bestimmten Gruppe angehören, sondern als Individuum. Sie sind das nicht, weil sie bestimmte Voraussetzungen erfüllen (abgesehen von Volljährigkeit und Staatsbürgerschaft), sondern weil sie als Bürger*in die gleichen Rechte wie alle anderen haben.

Dieses Verständnis von Demokratie wird von Vertreter*innen eines Staates, die autoritären Vorstellungen nachhängen, bekämpft. Rechtspopulistische Parteien, Putins »gelenkte Demokratie«, Orbans »illiberale Demokratie« – und man könnte Trumps »Demokratie der bewussten Grenzüberschreitung« noch aufzählen – sie alle bezeichnen sich als Demokraten; allerdings ist das nur der Aufdruck der Verpackung, darin befindet sich etwas ganz anderes. Als ich in den USA das Lincoln Memorial in Washington besuchte, diesen historischen und erhabenen Ort, an dem Martin Luther King seine große Rede *I have a dream* gehalten hatte – den ich aber auch aus dem berührenden Film *Forrest Gump* kannte –, musste ich an Abraham Lincolns berühmte Rede *Gettysburg Address* denken. In ihr fasste er wie kein anderer zusammen, was Demokratie bedeutet, er bezeichnete die Demokratie als »(…) government of the people, by the people, for the people (…)«.[1] Das heißt, die Bürger*innen wählen sich ihre Regierung selbst aus und kontrollieren sie (können sie auch wieder abwählen), die Regierung selbst ist aber nicht ihren Eigeninteressen, sondern dem Gemeinwohl verpflichtet. Schon dabei sehen wir: die genannten Beispiele aus Russland oder Ungarn genügen den Kriterien nicht. Autoritäre Oligarchie ist ein Begriff, der die dortige Wirklichkeit wohl besser umschreibt als Demokratie. Und deshalb sehe ich es so: Wir müssen die Demokratie nicht nur in ihrer Substanz, sondern auch in der Begrifflichkeit verteidigen.[2]

Dabei macht es erst einmal keinen so großen Unterschied, ob die Demokratie von autoritären, nationalistischen Gruppen oder religiösen Fanatikern angegriffen wird: Beide eint die Vorstellung eines homogenen Volkes oder einer homogenen Anhängerschaft, die dem Staat vorausgeht. Ob man dazugehört oder nicht, ob man richtigliegt oder falsch, ist keine Frage eines Konsenses, der im Diskurs gefunden wird, sondern der »richtigen« Abstammung oder des »richtigen« Glaubens. Ihr Ideal finden diese Gruppen folgerichtig auch nicht darin, gemeinsam Kompromisse auszuhandeln und für gesellschaftlichen Fortschritt zu sorgen. Ihr Ideal liegt meist in der Vergangenheit und beruht auf einer idealisierten Erzählung früherer Zeiten, in der wahlweise das Volk oder der

Glaube noch »rein« war und unverfälscht von modernen (damit ist gemeint pluralen) Einflüssen. Die aktuelle Politik müsse sich dem Versuch verschreiben, dieses Ideal möglichst wiederherzustellen. Dass die historischen Vorbilder so vielleicht gar nicht existiert haben, steht allerdings auf einem anderen Blatt. Der Wunsch nach Abgrenzung ist deshalb ein konstitutives Merkmal autoritären Denkens – sei es durch den Bau von Mauern und Grenzzäunen, die Wiederaufnahme von Grenzkontrollen an den EU-Binnengrenzen oder dem Primat religiöser gegenüber staatlicher Autoritäten in manchen fundamentalistisch-religiösen Gruppen. Auch der Versuch der CSU vor der Landtagswahl in Bayern, eine »Leitkultur« zu etablieren und damit bestimmte Traditionen, Umgangsformen, Sitten und Gebräuche über andere zu stellen, die es in der Gesellschaft ebenfalls gibt, stützt sich auf die Idee der Homogenität.

Es spricht überhaupt nichts dagegen, Traditionen zu leben und weiterzugeben, aber es macht einen Unterschied, ob dies im privaten Umfeld erfolgt oder von staatlicher Seite protegiert wird, wie dies etwa beim Kruzifix-Erlass der Bayerischen Staatsregierung (jede Landesbehörde muss ein Kreuz aufhängen) der Fall ist. Ich lebe auch meine bayerischen Traditionen, trage furchtbar gern mein Dirndl (denn es gehört allen und nicht nur der CSU, das musste ich im Wahlkampf oft deutlich machen), bin gern beim Maibaumaufstellen und bei vielen anderen traditionellen Festen mit dabei. Und natürlich ging und gehe ich gern ins Bierzelt – bei uns hießen die rund um Herrsching allerdings »Stadlfeste«. Dort haben die Bauern aus den umliegenden kleinen Gemeinden ihren Stall der Dorfjugend zur Verfügung gestellt, damit sie da tanzen und feiern können. Traditionen werden ja oft in Form von Festen gelebt wie zum Beispiel Ostern und Weihnachten, aber das definiert meist jede Familie für sich selbst aus. Wichtig ist, dass es Orte und Punkte gibt, an denen man zusammenkommt. Und zusammenhält. Und das habe ich früher erleben dürfen: Im Handballverein haben wir zum Beispiel viel gemeinsam gemacht und angepackt, Turniere und Feste organisiert. Allerdings kann man das anderen nicht vorschreiben. Man kann niemandem anordnen, wie er zu leben hat. Und ob jemand einer Religion anhängt oder nicht, ist eine sehr persönliche Entscheidung, in die sich staatliche Stellen nicht einzumischen haben – erst recht nicht in einer vielfältigen Gesellschaft wie der unsrigen. Eng mit dem Wunsch nach Abgrenzung verknüpft ist leider auch meist der nach Kontrolle. »Taking back control« lautet deshalb auch das Credo der Brexiteers, also derer, die Großbritannien aus der EU hinausführen wollen. In erster Linie war damit gemeint, dass London wieder die Kontrolle übernehmen solle, die bislang vermeintlich in Brüssel ausgeübt wurde. In zweiter Linie ging es um die Einwanderung, die kontrolliert und vor allem begrenzt werden müsse. Auch hier wird Bezug genommen auf eine glorreiche Vergangenheit – diesmal die des Britischen Empire. Dessen Glanz und Stärke möchte man durch die Unabhängigkeit von der EU wieder erreichen. Obwohl alle ernst zu nehmenden Prognosen das Gegenteil für den Fall voraussagen, dass Großbritannien die EU verlässt, stimmte eine Mehrheit für den Austritt.

Man kann das autoritäre Denken als rückwärtsgewandt, demokratiefeindlich und realitätsfern bezeichnen, und in weiten Teilen stimmt das wohl auch. Nur ist dadurch mit Blick auf das Funktionieren unserer Demokratie noch nichts gewonnen. Ich frage mich deshalb, warum das autoritäre Denken für manche attraktiv ist und was wir tun können, um wieder mehr Menschen für die Demokratie zu gewinnen.

Etwa ein Viertel aller Menschen, die in Deutschland leben, haben einen Migrationshintergrund. Dazu zählen alle, die selbst eingewandert sind oder in zweiter und dritter Generation hier leben, aber auch (Spät-)Aussiedler*innen.[3] In der

Öffentlichkeit wird das Thema Migration fast ausschließlich unter dem Aspekt der Einwanderung diskutiert. Dabei wäre ein »Kommen und Gehen« eigentlich die viel bessere Beschreibung: So gab es im Jahr 2015 nach Angabe des Bundesamtes für Statistik etwa 2,1 Millionen Zuzüge nach Deutschland, aber gleichzeitig fast eine Million Fortzüge. 2009 verließen mehr Menschen das Land als kamen. Die Gruppe der Menschen mit Migrationshintergrund ist ebenso heterogen wie der Teil der Bevölkerung ohne diesen. Einerseits stammen sie aus der Türkei und Italien und sind während der Anwerbung der »Gastarbeiter« nach Deutschland gekommen – oder sie sind deren Nachkommen. Eine zweite größere Gruppe floh während des Balkankrieges aus dem ehemaligen Jugoslawien, eine dritte Gruppe bilden die Bürgerkriegsflüchtlinge aus Syrien, dem Iran und Afghanistan. Und die vierte größere Gruppe setzt sich aus den Spätaussiedlern zusammen. Schlussendlich leben auch viele Menschen aus anderen EU-Staaten bei uns, die zeitweise oder dauerhaft hier arbeiten oder sich während eines Studiums oder einer Ausbildung in Deutschland aufhalten.

Die kulturellen, persönlichen und sozialen Hintergründe sind so verschieden, dass eine Zusammenfassung dieser Menschen als »die Zugewanderten« – oder wie es in Bayern so schön heißt »die Zugroasten« – keinen Sinn mehr macht. Die Bezeichnung als »die Ausländer« ebenso wenig, da ein Teil von ihnen die deutsche Staatsbürgerschaft besitzt. Zum Islam bekennen sich übrigens circa fünf Millionen Menschen in Deutschland, das sind etwa sechs Prozent der Wohnbevölkerung – und nur ein Drittel dessen, was die meisten Menschen schätzen.[4] Auch unter den Menschen mit Migrationshintergrund bekennt sich nur eine Minderheit zum Islam.

Migration ist für viele Menschen die wichtigste Dimension der Pluralisierung. Sie ist aber beileibe nicht die einzige.[5] Die Ausdifferenzierung der Lebensmodelle, also das, was einem im Leben wichtig ist, hat ebenso wie wachsende Einkommens- und Vermögensunterschiede und einschneidende Veränderungen in der Arbeitswelt zur Auflösung von früher prägenden Milieus geführt. Die »bürgerliche Mitte« ist heute ebenso schwer zu fassen wie »die Arbeiter«. Und der Anteil der Bürger*innen, der einer der beiden großen christlichen Kirchen angehört, sinkt. Eine Studie im Auftrag der evangelischen und katholischen Kirche geht davon aus, dass die Zahl von heute gut 44 Millionen in den nächsten 40 Jahren auf 22 Millionen schrumpfen wird.[6] Der demografische Wandel hat zur Folge, dass mehr ältere Menschen und weniger jüngere hier leben. Frauen bestimmen heute selbstbewusster über ihr eigenes Leben, ihre Karriere und ihre Familienplanung. Bei mir im gleichaltrigen Freundeskreis gibt es die unterschiedlichsten Lebensentwürfe: von der vollzeitbeschäftigten Mama mit zwei Kindern über die Teilzeit arbeitende Frau ohne Kinder bis hin zur Mutter mit den drei Kindern, die sich für die traditionelle Rolle entschieden hat und zu Hause das Familienleben managt. Auch die LGBTTIQ*-Community fordert zu Recht ihre Rechte ein: als Menschen mit nicht heterosexueller Orientierung anerkannt und gleichberechtigt zu sein. Wo es früher eine Normalbiografie gab und wenige Ausnahmen, ist heute anders zu sein die neue Normalität.

Und das Schöne daran ist: Die Mehrheit der Bürger*innen hat keinerlei Probleme mit der wachsenden Vielfalt.[7] Das ist mit Blick auf den gesellschaftlichen Zusammenhalt eine gute Nachricht und eine Absage an alle, die glauben, die Gesellschaft müsse homogener werden, um nicht auseinanderzufallen. Dennoch ist die Akzeptanz von Vielfalt in der Bevölkerung nicht gleich verteilt – die verschiedenen Dimensionen der Vielfalt werden unterschiedlich bewertet. Während Menschen mit Behinderung, nicht heterosexueller Orientierung, eines anderen Lebensalters, Geschlechts oder einer anderen ethnischen Herkunft mehrheitlich akzeptiert werden, bestehen gegenüber armen Menschen und Angehörigen mancher Religionen deutliche Vorbehalte. Hier gibt es ein sehr großes regionales Gefälle. Vor allem in den östlichen Bundesländern und in ländlichen Regionen wird gesellschaftliche Vielfalt zum Teil weniger angenommen als in den städtischen Regionen. Dort, wo Pluralität in allen Facetten am stärksten ausgeprägt ist, ist die Akzeptanz am höchsten. Wo die Gesellschaft hingegen homogener ist, macht sich die Angst vor der Vielfalt breit. Vielfalt scheint also von einer abstrakten Bedrohung zu einer Alltagserfahrung zu schrumpfen, wenn gesellschaftliche Vielfalt live und in Farbe erlebt wird. Das bedeutet im Umkehrschluss: Es gibt Möglichkeiten, um die Akzeptanz von Vielfalt zu fördern …

»Eine zentrale Erkenntnis des Vielfaltsbarometers ist, dass die Akzeptanz von Vielfalt weniger eine Frage von strukturellen Bedingungen als der eigenen Haltung ist. Entscheidend ist es, die individuelle Empathiefähigkeit zu stärken und das Unbehagen gegenüber ›fremden‹ gesellschaftlichen Gruppen abzubauen. Dazu sind – ganz im Sinne der Kontakthypothese – Begegnungen und das Kennenlernen notwendig oder in den Worten einer Studienteilnehmerin ›Was man kennt, fürchtet man nicht‹. Der Ort für diese Begegnungen ist die Nachbarschaft. (…) Die Zivilgesellschaft kann es sich zur Aufgabe machen, solche Begegnungen zu initiieren. Nicht weniger bedeutend aber ist die Rolle von Politik und Medien, die durch die Art der Kommunikation den Grundton legen, wie über gesellschaftliche Vielfalt in Deutschland gesprochen wird.«[8]

Genauso sehe ich das auch. Die Kommunikation und weiter gefasst das grundlegende Verhältnis zwischen Regierenden und Regierten ist eine wichtige Stellschraube für das Vertrauen in die demokratischen Institutionen. Eine vielfältige und komplexe Gesellschaft lässt sich nicht im patriarchalen Kammerton regieren. Sie braucht Erklärung, Transparenz und Beteiligung. Gesetze und Regeln hinter verschlossenen

Türen auszuhandeln und dann die Öffentlichkeit über die Ergebnisse zu informieren – das reicht nicht mehr. Das mag in den Zeiten funktioniert haben, in denen die beiden großen Volksparteien ein annäherndes Spiegelbild der Gesellschaft waren, weil alle wesentlichen organisierten Interessen in diesen Volksparteien abgebildet wurden. Heutzutage ist die Öffentlichkeit aber vielschichtiger und hat einen anderen Anspruch: nämlich eine Politik, die auf Augenhöhe zwischen Regierenden und Regierten stattfindet. Auch ich habe mich – bevor ich in den Landtag gewählt wurde – stark mit der Bundespolitik auseinandergesetzt und von der Landtagspolitik gar nicht so viel mitbekommen. Das liegt hauptsächlich daran, dass sich das meiste um die bundespolitischen Themen dreht oder aber um die kommunalen vor Ort. Das war einer der Gründe, warum ich auch nach meiner Wahl in den Bayerischen Landtag in den sozialen Netzwerken aktiv geblieben bin. Mein Ziel war und ist es, die Leute mitzunehmen, ihnen zu erklären, was eine Landtagsabgeordnete den lieben langen Tag so macht und erlebt. Und so wurde ich die erste YouTuberin des Bayerischen Landtags und zeige bis heute auf meinem Kanal kleine Clips. Darum mache ich bei Instagram Storys, twittere und habe eine ausführliche Webseite, auf der ich alle meine Anfragen und Anträge hochlade. Ich finde es wichtig, meinen Teil dazu beizutragen, dass interessierte Leute mir online folgen – und so Demokratie live miterleben können und ich direkte Rückmeldung erhalte. Dafür sind die digitalen Medien großartig.

Es ist unser Job als Parlamentarier*innen, zu erklären und zu informieren, wie unsere parlamentarische Demokratie funktioniert. Obwohl ich eine große Verfechterin der direkten Demokratie bin, bin ich nicht davon überzeugt, dass Bürgerversammlungen und Volksabstimmungen allein an die Stelle des parlamentarischen Systems treten sollen – auch das würde einer komplexen Gesellschaft ebenso wenig gerecht wie streng hierarchische Politik. Vielmehr kommt es darauf an, zusätzliche Schnittstellen zwischen der Bürgergesellschaft und den politischen Entscheider*innen zu schaffen, zuzuhören, sich der Diskussion zu stellen und lieber einmal zu viel zu erklären, warum etwas getan werden soll. Die »Politik des Gehörtwerdens«, die der baden-württembergische Ministerpräsident Winfried Kretschmann etabliert hat, zeigt meines Erachtens dieses zeitgemäße Selbstverständnis: zuhören, auf Anliegen und Argumente eingehen, ohne den eigenen Standpunkt zu verwässern und die Verantwortung abzuschieben. Aber dann auch zu entscheiden und zu gestalten. Ein ganz gutes Beispiel ist hier die Verlegung der Stromleitungen vom Norden in den Süden. Nachdem eine Energiewende nur mit dem Ausstieg aus den fossilen Energieträgern und dem kompletten Einstieg in erneuerbare Energien funktioniert, muss der Strom von dort, wo er produziert wird, in den energieintensiven Süden transportiert werden. Hierbei möchte ich, dass die Bürger*innen beteiligt werden und die Leitungen natürlich nicht durch ein Naturschutzgebiet laufen. Dass man sich überlegt, ob die Leitung vielleicht auch unterirdisch verlegt werden kann, damit sich die Leute nicht daran stören. Dazu möchte ich die Bürger*innen hören. Ich möchte wissen, wo der Schuh drückt. Als Politikerin kann ich nicht einfach sagen: Hier geht jetzt die Stromleitung lang. Punkt. Sobald aber alles ausdiskutiert ist, muss auch eine Entscheidung fallen – und die Leitung endlich gebaut werden. Und zu dieser Entscheidung muss man letztendlich stehen und kann nicht den 500. Bürgerdialog in der Hoffnung durchführen, bis zur nächsten Wahl passiert nichts.

In gleichem Maß, wie die Gesellschaft vielfältiger wird, fächert sich analog dazu auch das Parteiensystem auf. Konnten SPD und Union noch bis zum Beginn dieses Jahrhunderts bis zu 80 Prozent der Stimmen auf sich vereinigen, sind es heute gerade einmal die Hälfte. Das bedeutet: die Kompromisse, die

früher zwischen den Flügeln der Volksparteien intern gemacht wurden, müssen heute zwischen mehreren Parteien
offen ausgehandelt werden, damit Mehrheiten zustande kommen. Das als »Geschacher« oder »Parteiengezänk« abzutun,
ist nicht nur despektierlich gegenüber den Politiker*innen,
sondern zeigt auch fehlendes Verständnis dafür, wie Demokratie in pluralistischen Gesellschaften nur funktionieren
kann: durch Debatte und Kompromiss – natürlich immer
entlang des politisch Notwendigen. Genauso wie die Bürger*innen mit Recht Gehör und Wertschätzung für ihre Anliegen und ihre Sicht der Dinge einfordern, sollten die Politiker*innen Anerkennung für ihre nicht immer ganz einfache
Arbeit bekommen. Natürlich ist konstruktive Kritik immer
legitim, aber es macht schon einen Unterschied, ob man eine
falsche Entscheidung kritisiert oder eine Person in Bausch
und Bogen verdammt, weil sie vielleicht zu einem anderen
Schluss kommt, als man es selbst für gut befunden hätte. Vor
allem sollten wir alle daran denken, dass wir Menschen brauchen, die »diese Politik« in unserer Demokratie machen. Und
hier rede ich jetzt nicht nur vom Europaparlament, dem Bundestag oder dem Landtag, in dem man den Beruf einer Voll-
zeitpolitiker*in ausübt. Nein, ich meine auch die kommunale
Ebene, auf der Hunderttausende von Ehrenamtlichen tagtäglich für die Demokratie ihren Kopf hinhalten, debattieren,
Entscheidungen für unser Zusammenleben treffen und sich
für ihre Gemeinde einbringen –und zwar mehrere Abende in
der Woche und am Wochenende neben Beruf und Privatleben. Wenn wir diese Menschen nicht hätten, würde die Basis
wegbrechen und vieles nicht mehr funktionieren. Leider befindet sich der Beruf der Politiker*in seit Jahren auf dem un-
tersten Beliebtheitslevel. Da wird viel geschimpft und gemeckert. Entweder heißt es: »Immer machen die gleichen Nasen
Politik!« Oder falls sich junge Menschen einbringen: »Außer
Kreissaal, Hörsaal, Plenarsaal kann die oder der ja nichts.«

Allerdings brauchen wir beides: Erfahrung – denn parlamentarische Prozesse zu steuern ist ein Handwerkszeug, das man erlernen muss – und frischen Wind, der neue Impulse setzt. Gerade im Ehrenamt wird es immer schwieriger, Menschen zu finden, die sich engagieren wollen, weil die Anforderungen nicht weniger werden, genauso wie bei der Vereinbarkeit von Familie und Beruf. Kommt dann noch der Hass in den sozialen Netzwerken hinzu, fragen sich immer mehr, warum sie sich das eigentlich antun sollten. Das finde ich eine schlimme Entwicklung, und hier müssen wir als Gesamtgesellschaft wachsam sein und gegensteuern. Mein Traum ist ja, dass in der Grundschule Schüler*innen beim Berufswunsch »Politiker*in« angeben. Weil das ein so wundervoller und wichtiger Beruf ist, in dem wir die verschiedensten Temperamente, Fähigkeiten und Persönlichkeiten für die Gestaltung unserer Zukunft benötigen.

Eine vielfältige Gesellschaft braucht aber auch Institutionen, die zu ihr passen, und die wichtigste Institution unserer Demokratie ist das Parlament. Ich erinnere mich noch sehr gut daran, als ich 2013 den Brief des Wahlleiters aufgemacht habe und dort – im nüchternen Beamtendeutsch geschrieben – las: »Der Landeswahlausschuss hat in seiner heutigen Sitzung gemäß § 70 Abs. 2 Nr. 10 der Landeswahlordnung festgestellt, dass Sie bei der Wahl zum 17. Bayerischen Landtag am 15. September 2013 als Wahlkreisbewerberin der Partei BÜNDNIS 90/DIE GRÜNEN im Wahlkreis Oberbayern gewählt wurden. Gemäß Art. 48 Landeswahlgesetz (LWG) verständige ich Sie hiervon.« Aha, dachte ich mir, jetzt ist es also so weit. Nur was das genau bedeutete, konnte ich mir nicht wirklich vorstellen. Ich schwankte zwischen Vorfreude und Besorgnis … Als meine Freund*innen und ich dann abends bei mir in der WG den Einzug in den Landtag ein wenig feierten und am Nudelnkochen waren, meinte einer: »Jetzt bist du ja Teil der Legislative in dieser Demokratie!«

»Stimmt«, sagte ich, »ich bin gespannt, wie das wird. Hoffentlich mache ich das auch gut.« Denn selbstverständlich hatte ich vorher oft Vorurteile gehört wie: »Da geht alles so langsam!«, »Alles ist total bürokratisch!«, »Es sitzt ja eh nie ein Abgeordneter im Plenarsaal bei den Abstimmungen«. Viele Vorwürfe fand ich schon damals übertrieben, und ich hoffte, dass sich nichts davon bewahrheiten würde.

Aber natürlich ist die Demokratie und damit die Arbeit im Parlament langsam. Abstimmungen, Aushandlungen, Kompromisse finden, Anträge und Gesetzentwürfe schreiben – das alles kostet natürlich Zeit. Bis ich einen Gesetzentwurf im Landtag zur Abstimmung bringe, muss ich ihn erst mal schreiben. Sobald das passiert ist, wird er in den Arbeitskreis weitergeleitet und meine Kolleg*innen geben Rückmeldung. Danach beschließen wir ihn in der Grünen Fraktionssitzung, und erst dann kommt er zur ersten Lesung ins Plenum des Landtags. Dort hören die Kolleg*innen der anderen Fraktionen das erste Mal davon, und er wird in den dafür zuständigen Ausschuss verwiesen. Hier wird nochmals intensiv über die einzelnen Punkte mit den Kolleg*innen der anderen Fraktionen diskutiert, und danach kommt es erst zur finalen Abstimmung ins Plenum. Klingt mühsam? Ja, das ist es. Aber auch sinnvoll, denn so überprüfen mehrere Personen eine Idee, und es kann noch etwas geändert werden. Immerhin hat ein beschlossenes Gesetz ja auch Auswirkungen auf unsere Gesellschaft – es ist buchstäblich Gesetz und sollte daher verfassungsrechtlich und inhaltlich passen. So gesehen ist ein Parlament natürlich bürokratisch. Aber wie will man auch anders ein gerechtes System schaffen, in dem Opposition und Regierung die gleichen Rechte haben? Dafür braucht es einfach verbindliche Regeln und Transparenz.

Was aber tatsächlich stimmt, ist, dass sich nicht immer alle Abgeordneten während der Sitzungen im Plenum befinden. Ich sitze da auch nicht immer. Entweder muss ich telefonieren, mit meinem Team die nächsten To-dos besprechen, habe eine Besuchergruppe vor Ort, diskutiere mit Kolleg*innen den nächsten Antrag oder – auch das kommt vor – esse beziehungsweise trinke was an einem terminlich vollen Plenartag. Wir sind ja ein Ausschussparlament, sprich, die Hauptarbeit findet in den Ausschüssen statt, die Debatte im Plenarsaal ist dann nur noch die Kür.

Trotz meiner sechs Jahre Landtagszugehörigkeit bin ich – mit einigen Höhen und Tiefen – aber immer noch eine glühende Verfechterin der parlamentarischen Demokratie. Weil ich der festen Überzeugung bin, dass dieses System gerade für moderne und vielfältige Gesellschaften der beste Weg zur demokratischen Willensbildung ist. Wie sollen wir auch sonst die verschiedenen Wünsche, Bedürfnisse, Ansichten und Forderungen einer pluralen Gesellschaft bündeln und organisieren? Allerdings ist nichts so gut, dass man es nicht noch verbessern könnte. Meiner Meinung nach müsste das System an einigen Stellen neu justiert werden. Eine dieser Stellen ist das Wahlrecht. Wir sollten die Altersgrenze für das aktive Wahlrecht auf mindestens 16 Jahre absenken, gerne auch noch weiter nach unten. Denn diese Altersgrenze ist willkürlich. Das Menschenbild in einer aufgeklärten und emanzipierten Gesellschaft ist das einer mündigen Bürger*in, die Verantwortung für sich selbst, für andere und auch für die Gesellschaft übernimmt. Wir fordern das zu Recht von jungen Menschen ein. Deshalb sollten wir auch so konsequent sein, ihnen das Recht zu geben, Verantwortung zu übernehmen. An den Schulen muss deswegen politische Bildung einen viel größeren Stellenwert bekommen: nicht über die Vermittlung von Wissen, sondern indem es mehr Raum für politische Debatten gibt. Und ganz praktisch, indem die Schüler*innen mehr bei der Gestaltung und Organisation ihrer Schulen mitsprechen dürfen. Wenn wir uns die Zusammensetzung der Parlamente ansehen, dann sind sie nur bedingt ein Spiegelbild unserer Gesellschaft. Die Vielfalt an kulturellen und sozialen Milieus wird nicht ausreichend abgebildet. Bis zu einem gewissen Grad geht das wahrscheinlich nicht anders, aber es bleibt natürlich eine Gratwanderung, die auch dazu führen kann, dass sich ein wachsender Teil der Gesellschaft nicht mehr vom Parlament repräsentiert fühlt – einfach weil dort niemand deren Anliegen und Sichtweise vertritt. Meiner Meinung nach braucht die parlamentarische Demokratie aber ein Mindestmaß an Identifikation seitens der Bürger*innen, sonst hat sie ein Legitimationsproblem. Die Parteien als Bindeglied zwischen Gesellschaft und Parlamenten sind deshalb gefordert, die Diversität der Gesellschaft bei der Auswahl des Personals und der Kandidat*innen für die Parlamente zu berücksichtigen.

Das Gleiche gilt beim Thema Frauen. Seit jeher ist die Hälfte der Bevölkerung weiblich. Und seit jeher sind in Deutschland deutlich weniger als die Hälfte der Abgeordneten Frauen – im Bundestag derzeit nur circa 30 Prozent. Während bei Grünen, Linken und SPD die Hälfte oder etwas weniger der Abgeordneten weiblich ist, macht der Anteil bei CDU/CSU und FDP gerade mal ein Viertel aus. Die AfD kommt nur auf etwas über zehn Prozent.[9] Ich halte das für eine fortgesetzte Verletzung elementarer demokratischer Rechte, die wir nicht mehr durch Appelle heilen können. Nach jeder Wahl wird der zu geringe Anteil von Frauen beklagt, sobald es aber an die Aufstellung der Listen und der Direktkandidat*innen geht, grüßt täglich das männliche Murmeltier. Der in Artikel 3 des Grundgesetzes formulierte Anspruch ist keine unverbindliche Empfehlung, sondern eine Handlungsanleitung: »Männer und Frauen sind gleichberechtigt. Der Staat fördert die tatsächliche Durchsetzung der Gleichberechtigung von Frauen und Männern und wirkt auf die Beseitigung bestehender Nachteile hin.« Deshalb ist es an der Zeit, das Wahlrecht dahin gehend zu ändern, dass Frauen gemäß ihrem Anteil in den Parlamenten vertreten sind.[10] Und exakt aus diesem

Grund habe ich auch einen Gesetzentwurf in den Landtag eingebracht, der genau das fordert. Ich nenne es das »Hälfte-der-Macht-Gesetz«. Denn genau darum geht es: um die gerechte Verteilung von Macht. Und genau deswegen sträuben sich so viele gegen dieses Gesetz. Als ich im Bayerischen Landtag zu unserem Gesetzentwurf sprach, blickte ich in die wutverzerrten Gesichter und schreienden Münder meiner männlichen Kollegen aus den konservativen Parteien. »Das geht nicht!«, »Das ist gegen die Freiheit!« und »Dann sollen sie halt kandidieren!« waren noch die freundlicheren Rufe. Und in dem Moment wurde mir erneut klar, warum wir noch keine Gleichberechtigung haben, warum wir noch keine faire Verteilung von Verantwortung und damit keinen Einfluss und keinen Zugriff auf Ressourcen und Mitbestimmungsmöglichkeiten haben. Weil die Hälfte der Macht abzugeben nämlich bedeutet, dass Männer Privilegien verlieren. Vom Redepult aus muss man ja nur abzählen – eins, zwei, eins, zwei –, um festzustellen: Bei einem »Hälfte-der-Macht-Gesetz« säßen 50 Prozent der Männer beim nächsten Mal nicht mehr im Parlament. Und das wollen sie natürlich nicht.

Diese Situation hat mich wieder einmal daran erinnert, dass Gleichberechtigung einem nicht geschenkt wird. Dass man dafür kämpfen muss. Das war mir nämlich nicht von Anfang an klar: Aufgewachsen in einem liberalen Haushalt mit einem Bruder, der dasselbe machen musste – und durfte – wie ich, ausgestattet mit guten Schulnoten und einem gesunden Selbstbewusstsein, ging ich ganz selbstverständlich davon aus, dass Mädchen und Jungen die gleichen Rechte und Chancen besitzen. Natürlich. Wie sollte es auch anders sein? Die ganzen Debatten über Feminismus waren für mich nicht relevant. Mein Erfahrungshorizont hatte mir nichts anderes gezeigt. Aber – wie das so oft ist – man bemerkt die gläserne Decke erst, wenn man selbst dagegen stößt oder sie einem aufgezeigt wird.

Je mehr ich mich mit Feminismus und der fehlenden Gleichberechtigung beschäftigt habe, desto deutlicher wurde mir: Ohne den Einsatz von mutigen Frauen in der Vergangenheit sähe die Realität noch wesentlich düsterer aus. 1919 zum Beispiel haben unerschrockene Frauen, teilweise unter Einsatz ihres Lebens, das Bürgerrecht erkämpft, dass die Stimme einer Frau genauso viel wert ist wie die eines Mannes – und eine Frau ebenfalls in Parlamente gewählt werden kann. 1949 hat wiederum eine Frau, Elisabeth Selbert, dafür gesorgt, dass in unserem Grundgesetz der wunderschöne Satz steht: »Männer und Frauen sind gleichberechtigt.« Der befand sich nämlich anfangs noch gar nicht darin – den ersten Entwurf auf Herrenchiemsee hatten ja auch nur Männer formuliert. Wie viel Kraft, Kampfesmut und Leidenschaft es Elisabeth Selbert wohl gekostet haben muss, diesen Satz für uns in das Grundgesetz zu verhandeln? Von ihr hört, liest und sieht man zu wenig. Denn es gibt nicht nur Väter unseres Grundgesetzes, nein, auch Mütter! Manchmal frage ich mich, ob ich Schülersprecherin in meiner Schule geworden wäre, im Bayerischen Landtag sitzen würde, Vorsitzende meiner Fraktion und Spitzenkandidatin meiner Partei sein könnte, wenn dieser schlichte, schöne Satz nicht in unserem Grundgesetz stehen würde. Es gibt mir und all den Mädchen und Frauen Rückenwind, jeden Tag weiter dafür zu kämpfen, dass alle gleiche Chancen und Startbedingungen bekommen – unabhängig von Geschlecht und Herkunft.

Ein Staat, der auf Augenhöhe mit seinen Bürger*innen agiert, sollte ihr Engagement fördern und nicht bremsen. Ich halte deshalb plebiszitäre Instrumente für eine sehr gute Ergänzung zur parlamentarischen Demokratie. In Bayern gibt es für die Bürger*innen sowohl auf Landesebene als auch in den Kommunen die Möglichkeit, über Volks- und Bürgerbegehren eigene Anliegen auf die Tagesordnung zu setzen und von der Bevölkerung entscheiden zu lassen. Diese aktive Rolle der Bürger*innen macht die Demokratie stärker – und zwingt die Politiker*innen, sich mit Themen zu beschäftigen, die die Menschen umtreibt. Bisher habe ich das aus den verschiedensten Perspektiven selbst erlebt: Ich habe Bürgerbegehren organisiert sowie gewonnen und als Parlamentarierin die Volksbegehren der Bürger*innen im Landtag diskutiert – und jedes Mal hat die Demokratie gewonnen und damit unsere Gesellschaft.

Natürlich gibt es Konflikte, wenn eine Gesellschaft vielfältiger wird. Was jahrzehntelang ganz selbstverständlich war, wird jetzt hinterfragt. Was lange reibungslos funktioniert hat, knirscht und stockt auf einmal. Manche, die ganz selbstverständlich das Sagen hatten, müssen sich jetzt die Macht teilen. Wo sich so viel verändert, läuft nicht alles rund, und manchmal findet man vielleicht erst im zweiten oder dritten Anlauf die richtige Lösung. Ich kann verstehen, wenn sich Menschen mit dem Wandel überfordert fühlen, wenn sie den Eindruck haben, sie kommen nicht mehr mit. Meine Erfahrung dabei ist: Reden und Erklären hilft weiter. Ich habe aber kein Verständnis, wenn Verunsicherung und fehlende Orientierung in Hass und Ausgrenzung umschlagen. Und ich habe erst recht kein Verständnis für diejenigen, die versuchen, sich diese Unsicherheit für ihre rückwärtsgewandte, menschenfeindliche und rassistische Ideologie zunutze zu machen. Rechtsradikale Umtriebe und rassistisch motivierte Gewalt sind ein ernsthaftes Problem, das von den Behörden und Teilen der Zivilgesellschaft unterschätzt wird. Damit dieses Denken nicht unsere Gesellschaft vergiftet und nicht weiter Menschen zu Opfern von Hass, Ausgrenzung und Gewalt werden, brauchen wir ein entschlossenes und abgestimmtes Vorgehen.

Vielleicht hat meine Entschlossenheit, sich dagegen zu wehren, auch mit meiner Schulzeit zu tun. Denn ich bin stolze ehemalige Schülerin des Christoph-Probst-Gymnasiums. Der Namensgeber meiner Gilchinger Schule gehörte neben

Hans und Sophie Scholl, Alexander Schmorell, Willi Graf und Kurt Huber der Weißen Rose an. Die Weiße Rose war eine studentische Widerstandsgruppe gegen die nationalsozialistische Diktatur; alle ihre Mitglieder wurden deshalb hingerichtet. Am Christoph-Probst-Gymnasiums habe ich gelernt, wie wichtig Zivilcourage ist. Wie zerbrechlich eine Demokratie sein kann. Und dass man Antisemitismus, Rassismus und Rechtsextremismus von Anfang an konsequent entgegentreten muss. Streng genommen bin ich also Antifaschistin seit meiner Schulzeit. Ich glaube, es begann am ersten Schultag der fünften Klasse: Wir standen in der großen Aula, und ich war wahnsinnig aufgeregt. Schließlich wechselte ich von der Grundschulklasse 4b ins Gymnasium der Klasse 5e. Außerdem standen hier so viele neue Leute rum, es war so eine große Schule und dann ... dann haben wir alle eine weiße Rose bekommen. Ich kann mich nicht mehr genau daran erinnern, was der Rektor uns damals über die Weiße Rose erzählt hat – sicherlich ganz viele Fakten. Ich kann mir nur noch das Gefühl vergegenwärtigen, das ich empfand: Der, der so heißt wie die Schule, hat Rückgrat bewiesen. Und du darfst jetzt auch auf diese Schule gehen. Das ist eine Ehre. Genauso empfinde ich es noch heute.

All das vergesse ich nie, wenn ich im Parlament als innenpolitische Sprecherin Strategien für unsere Demokratie und gegen Rassismus, Rechtsextremismus und Antisemitismus entwickle. All meine Erfahrung, die Gespräche mit Wissenschaftler*innen, der Zivilgesellschaft, den Sicherheitsbehörden und den Betroffenen haben mich davon überzeugt, dass wir drei Elemente für eine erfolgreiche Strategie gegen Rechtsradikalismus brauchen: Prävention, Stärkung der Zivilgesellschaft und Repression. Diese Elemente müssen ineinandergreifen. Rechtsradikales Gedankengut gedeiht nämlich dort besonders gut, wo es auf ein für sich vorteilhaftes Umfeld trifft. Latenter Rassismus, autoritäres Denken und kulturelle

Überhöhung bestimmter Gruppen wirken wie ein Brutkasten für rechtsradikale Ideologien. Wo Hetze und Hass gegen andere bis in die Mitte der Gesellschaft und in etablierte Organisationen hinein salonfähig sind, geben die Rechtsradikalen den Ton vor. Wer glaubt, mit gemäßigten rechten Tönen den Rechtsaußen das Wasser abgraben zu können, sollte nach Österreich schauen: Hier hatte es die rechtsradikale FPÖ sogar bis in die Regierung geschafft, weil die konservative ÖVP einen Teil ihrer Weltsicht übernahm und übernimmt. An die Folgen kann sich sicherlich noch jeder erinnern: ein FPÖ-Vizekanzler, der auf Ibiza seine Heimat schneller an die Russen verscherbeln würde, als man es sich vorstellen kann. Aber auch vor dem Strache-Video galt schon: Mit Rechten regiert man nicht. Sogar in Deutschland haben die CSU und Teile der CDU versucht, der AfD durch einen Ähnlichkeitswettbewerb Wähler*innen abspenstig zu machen – erreicht haben sie das Gegenteil.

Die Demokratie zu schützen heißt, Haltung zu bewahren und sich entschieden allen entgegenzustellen, die Freiheit und gleiche Menschenwürde in Abrede stellen. Die Demokratie zu schützen bedeutet, den Ausspruch »Nie wieder« nicht nur an Gedenktagen in den Mund zu nehmen, sondern zum Handlungsauftrag an 365 Tagen im Jahr zu machen. Online wie offline muss gegen Hass, Hetze und rechte Vernetzung vorgegangen werden. Das gilt für die politischen Parteien, aber auch für Organisationen, Verbände und Vereine. Es gibt eine Vielzahl von Initiativen, die sich gegen Rassismus und Ausgrenzung anderer wenden. Diese zivilgesellschaftlichen Akteure müssen von staatlicher Seite ermuntert und unterstützt werden, statt ihnen gleichgültig oder gar ablehnend gegenüberzutreten, wie dies leider noch zu häufig passiert. Ist es nicht peinlich, dass das reiche Bundesland Bayern kein eigenes Landesprogramm zur Stärkung der Zivilgesellschaft hat? Die Bildungsarbeit in den Schulen, Kirchen, Gewerkschaften, Verbänden und Vereinen muss die demokratischen, humanistischen und freiheitlichen Werte in den Mittelpunkt ihrer politischen Bildung stellen. Und da es immer weniger Überlebende des Holocausts gibt, muss dringend die Erinnerungsarbeit und -kultur gefördert und weiterentwickelt werden. Ich werde nie das Gespräch mit dem Holocaust-Überlebenden Max Mannheimer vergessen. Diese Stunden haben sich in mein Gedächtnis eingebrannt. Und natürlich benötigen wir ausreichenden Schutz und Unterstützung der Opfer. Schließlich sind auch die Strafverfolgungsbehörden gefragt: Die niedrige Aufklärungsquote bei rechtsradikal motivierten Straftaten und die hohe Zahl von untergetauchten Neonazis, die mit Haftbefehl gesucht werden, sind kein Ausweis für die Wehrhaftigkeit der Demokratie. Aber gerade die ist gefragt, um in einer pluralen Gesellschaft diejenigen zu schützen, die dazu selbst am wenigsten in der Lage sind.

Also: Justiz und Polizei brauchen genug Personal, sie müssen über die Ländergrenzen hinweg gut zusammenarbeiten und auch technisch auf der Höhe der Zeit sein, etwa in der Informations- und Kommunikationstechnologie. Die Bekämpfung des Rechtsextremismus muss zu einer der obersten Prioritäten der Sicherheitsbehörden werden. Ist es aber leider nicht. Dabei wäre es mehr als nötig. Ich komme aus Bayern, dem Bundesland, in dem 1980 das Oktoberfestattentat stattfand. In dem der NSU fünf von zehn Morden verübt hat, die übrigens bis heute nicht abschließend aufgeklärt sind. In dem 2016 neun Menschen bei einem Attentat im Münchner Olympiaeinkaufszentrum getötet wurden. Ein Verbrechen, das erst nach drei Jahren als rechtsextremistische Tat eingeordnet wurde, obwohl alles darauf hindeutet. Bayern, ein Land, in dem ein »Reichsbürger« in Georgensgmünd einen Polizisten erschießt und drei weitere anschießt. Aber nicht nur in Bayern, überall in unserem Land kommt es zu Anschlägen auf Flüchtlingsunterkünfte, Angriffen gegen Jüdinnen und Juden,

Volksverhetzung, Aufmärschen von Neonaziorganisationen und politisch motivierten Straf- und Gewalttaten. 2015 gab es den Mordversuch an der Oberbürgermeisterkandidatin Henriette Reker, im Herbst 2016 zündete ein Rechtsextremer eine Bombe in einer Moschee in Dresden, und im Juni 2019 wurde Walter Lübcke, ein Vertreter des Staates, auf seiner Terrasse erschossen – der Täter ein Rechtsextremer. Und in der Chatgruppe *Nordkreuz* waren rund 30 Personen organisiert, die sich paramilitärisch auf einen sogenannten Tag X vorbereitet hatten, an dem die staatliche Ordnung zusammenbrechen sollte. Es handelt sich hierbei um Polizisten, Anwälte, Reservisten, KSK-Angehörige und Kampfsportler – bei einem wurde sogar eine »Todesliste« mit 25 000 Namen gefunden. Um nur ein paar Beispiele zu nennen.

Wir haben also ein Problem in Deutschland. Und es ist kein neues. Es heißt: Rechtsextremismus. Ich finde, dagegen muss jetzt endlich was unternommen werden – meine Forderungen habe ich aufgeführt. Wir müssen in Deutschland endlich akzeptieren, dass der Feind rechts sitzt. Es macht mich fertig, wütend und nervt mich tierisch, wenn Menschen – sobald man mit ihnen über rechten Terror redet – mit den obligatorischen Phrasen »Was ist denn mit dem Linksextremismus?« und »Aber den islamistischen Terrorismus gibt's auch noch!« um die Ecke kommen. Ja, auch diese Art von Terror widerspricht unseren Grundwerten und muss bekämpft werden. Allerdings helfen diese unsachlichen oder rhetorischen Ablenkungen hier nicht weiter. Sie führen nur dazu, dass darüber diskutiert wird, anstatt das Problem anzugehen. Die Zahlen sprechen eine deutliche Sprache: Wenn rechte Gewalt- und Straftaten so massiv ansteigen, dann muss man sich darum kümmern. Rechtsextremismus steht für sich alleine und muss entschieden bekämpft werden!

Das Klima und die natürlichen
Lebensgrundlagen schützen

»Warum bin ich hier? Weil sich diese Partei offenbar als einzige den Luxus erlaubt, sich an der wissenschaftlichen Wahrheit zu orientieren ...«[11] Mit diesen Worten leitete einer der renommiertesten Wissenschaftler, der Klimaforscher Professor Hans Joachim Schellnhuber, seinen Gastvortrag beim Bundesparteitag der Grünen in Berlin am 25. November 2017 ein.

Nach seiner Rede war es im gesamten Saal erst mal mucksmäuschenstill. Was umso erstaunlicher war, da Professor Schellnhuber ein zartgliedriger, feiner und leiser Mensch ist. Er formulierte allerdings mit einer solchen Klarheit und Präzision, dass wir alle stark beeindruckt waren, auch wenn es mir bei dem, was er sagte, eiskalt den Rücken runterlief. Die Wirkung seiner Worte ließ schon während seines Vortrages nicht lange auf sich warten und sorgte im Publikum für viele geschockte Gesichter. Ja, als Grünes Mitglied weißt du um die Gefahren der Klimakrise. Du hast ja x-mal an Infoständen und bei Veranstaltungen darüber diskutiert und unzählige Artikel gelesen. Aber wenn man dann die Fakten und den Ausblick für uns alle noch mal so deutlich von Professor Schellnhuber zusammengefasst bekommt, wird einem erneut bewusst, wie dringlich alles ist. Selbst wenn es für uns aus Parteisicht eine Bestätigung war, dass uns einer der angesehensten Wissenschaftler erzählt, wir wären auf dem politischen Parkett die Einzigen, die wissenschaftsbasiert und nicht populistisch arbeiten. Und uns das natürlich wahnsinnig guttat, weil Parteiarbeit auch manchmal echt frustrierend sein kann. Du verbringst viel Zeit mit deinen Parteikolleg*innen und wenig mit deiner Familie oder Freund*in, du klebst Plakate und organisierst Veranstaltungen, anstatt am See zu liegen – und dann gibt es immer noch jemanden, dem das nicht genug ist, nicht das Richtige oder der prinzipiell ohnehin alles viel besser machen würde. Auch die Parteitage sind nicht immer vergnügungssteuerpflichtig: Wir sitzen in großen Hallen und diskutieren, stimmen ab und ringen den ganzen Tag um Lösungen. Gastvorträge gibt es auch, mal sind sie interessanter, mal weniger. Und dann kommt ein Professor Schellnhuber, von dem ich vorher natürlich schon viel gelesen und gehört hatte, und hält eine derart beeindruckende Rede.

Darüber freute ich mich als Politikerin der Grünen natürlich, bin stolz, Mitglied einer wissenschaftsbasierten Partei zu sein, spürte aber gleichzeitig die Verantwortung, die so eine Aussage mit sich bringt. Sie ist auf den zweiten Blick nämlich unglaublich erschreckend. Es ist nicht gut, wenn nur wir Grüne der wissenschaftlichen Wahrheit folgen, denn die Fakten sind erdrückend. Seit Beginn der Industrialisierung ist die Konzentration von Treibhausgasen (Kohlendioxid, Methan, Lachgas etc.) in der Atmosphäre um fast die Hälfte gestiegen. Die globale Durchschnittstemperatur hat sich dadurch um etwa ein Grad Celsius erhöht. Hauptursache des Treibhauseffekts ist das Verbrennen von Kohle, Erdöl und Erdgas.[12] Und genau hier müssen wir ansetzen, um das Klima zu schützen. Das bisherige Tempo unserer umweltpolitischen Fortschritte reicht bei Weitem nicht aus.[13] Sich an den Fakten orientieren, statt sie zu ignorieren – ich denke, das ist ein sehr guter Maßstab für die Umweltpolitik und unverantwortlich, dass dies bisher noch nicht gemacht wurde. Weil sich die zerstörerischen Auswirkungen, unserer Art zu leben, zu wirtschaften und zu konsumieren, nur noch um den Preis einer sehr eingeschränkten Wahrnehmung ignorieren lassen. Die nächsten zehn bis 15 Jahre dürften darüber entscheiden, ob es uns gelingt, die Überhitzung des Erdklimas auf 1,5 Grad zu beschränken, wie dies im Klimaschutzabkommen von Paris vereinbart wurde.[14] Auf dieses Ziel hatte sich die Staatengemeinschaft 2015 völkerrechtlich verbindlich verständigt. Oder ob es bis Ende dieses Jahrhunderts vier, fünf oder sechs Grad werden. Jetzt werden Sie vielleicht sagen, na gut, 1,5 Grad sind zwar ein wichtiges Ziel. Sollten es am Ende 2,5 oder drei Grad werden, ist das so schlimm doch auch nicht – das kriegen wir schon irgendwie hin. Leider ist es bei der Klimaüberhitzung nicht so wie bei Tarifverhandlungen, wo die eine Seite dies fordert und die andere Seite jenes. Und am Ende einigt man sich in der Mitte, und alle sind einigermaßen zufrieden. Beim Erdklima ist das anders. Es gibt keinen Kompromiss und keinerlei Interessenausgleich. Zu guter Letzt zählt, ob wir es rasch genug schaffen, die Konzentration von Klimagasen in der Atmosphäre zu verringern und den Anstieg der Temperatur auf ein verträgliches Maß zu begrenzen. Es gibt in diesem Konflikt auch keine Sieger und Besiegten. Entweder wir schaffen es, das Klima wirksam zu schützen, dann haben wir alle gewonnen. Oder wir bekommen es nicht rechtzeitig hin, dann haben wir alle verloren – auch wenn die Konsequenzen den einen Teil der Weltbevölkerung härter treffen werden als den Rest.

Die Schülerinnen und Schüler, die unter dem Motto »Fridays for Future« demonstrieren, haben verstanden, worum es geht: um ihre eigene Zukunft. Ich ziehe meinen Hut vor »diesen jungen Leuten«, denen ja oft genug vorgeworfen wird, sie würden nur an sich selbst denken und sich für Politik eh nicht interessieren. Tun sie es dann doch, haben sie angeblich keine Ahnung. Was regt mich dieser Vorwurf auf, den ich selbst oft genug zu hören bekommen habe! Ich weiß noch gut, wie mir als Sprecherin des Bündnisses *München gegen die 3. Startbahn* nach meinem Vortrag ein älterer Herr sagte: »Das war inhaltlich wirklich durchdacht. Sie haben sich ja mit dem Thema auseinandergesetzt.« Das fand ich schon dreist! Dachte der gute Herr wirklich, ich starte ein erfolgreiches Bürgerbegehren gegen die 3. Startbahn ohne jegliche Sachkenntnisse?!

Oder die leicht gönnerhaften Worte eines Kollegen, der zu mir – gerade frisch gewählt als Vorsitzende der Münchner Grünen – meinte: »Das ist ja nett, dass du dich einbringen willst. Du bist mit deinen jungen Jahren ja eine Ausnahme … eigentlich wollen junge Leute doch nur Filme schauen und Spaß haben.« Überraschung: Welt retten und Netflix gucken geht beides super zusammen! Ich habe jedes Mal eine Philippika gegen diese Ignoranz und Stereotype gehalten. Denn ich weiß, in meiner Generation und der drauf folgenden gibt es viele junge Menschen, die ihre Umwelt und die Veränderungen in der Gesellschaft mit kühlem Kopf und warmem Herzen mitverfolgen. Die den Kopf schütteln über den Gestaltungsunwillen der Regierenden und die ihren eigenen Weg gehen, um auf ihre Themen aufmerksam zu machen. Mit den *Fridays for Future*-Demos haben sie einen Weg gefunden, sich Gehör und Aufmerksamkeit zu verschaffen.

In meiner Schulzeit gab es eine große Demo, an die ich in letzter Zeit oft denken musste. Es war die Demo gegen den Irakkrieg 2003. Ich war zu dieser Zeit schon Schülersprecherin am Christoph-Probst-Gymnasium in Gilching, und wir waren alle sehr besorgt. Besorgt, was da gerade abgeht in der Welt. Wir wollten eine friedliche Lösung, wir wollten keinen Krieg. Und vor allem hatten wir das Gefühl, dass wir etwas tun müssen. Darum habe ich den Aufruf zur Demo verteilt und ordentlich Werbung dafür gemacht. Der Gegenwind ließ nicht lange auf sich warten – man solle doch bitte nicht während der Schulzeit zum Demonstrieren gehen. Aber wir wussten: Wir müssen gehen. Wir wollen ein Zeichen für den Frieden setzen, wir wollen die eigene Unruhe stillen, etwas dagegen unternehmen. Ähnlich fühlen sich vielleicht einige Jugendliche bei den *Fridays for Future*-Demos. Sie wollen wachrütteln und was machen. Denn sie wissen: Es geht um ihre Zukunft! Die Klimakrise ist bedrohlicher als viele andere politische Konflikte.

Bei der Veränderung des Klimas gibt es eine nicht lineare Dynamik. Was sich dahinter verbirgt, ist viel dramatischer, als es das Wort aussagt. Sie kennen vielleicht das Problem des abschmelzenden Grönlandeises. Das hat bereits begonnen. Die Frage ist nun: Wie weit reicht der Prozess? Schmilzt der gesamte Eispanzer von Grönland, steigt der Meeresspiegel weltweit um sieben Meter an. Viele Landstriche und Städte am Meer wären dann unbewohnbar oder nur mit einem unvorstellbaren technischen und finanziellen Aufwand zu retten, darunter dicht bevölkerte Regionen an den Mündungen großer Flüsse oder Städte wie New York und Hamburg. Mit jedem Zehntel Grad, um das die Durchschnittstemperatur der Erdatmosphäre steigt, nimmt die Wahrscheinlichkeit exponentiell zu, dass es zu dem vollständigen Abschmelzen kommt. Und ab einem gewissen Kipppunkt lässt sich das nicht mehr zurückdrehen. Wo genau dieser Kipppunkt für das Grönlandeis liegt, kann man nicht vorhersagen. Bei einer Temperaturzunahme zwischen 1,5 und zwei Grad lässt sich das Abschmelzen wahrscheinlich begrenzen, und nicht zuletzt deshalb gilt dieses Ziel für die internationale Klimapolitik als unumstößlich. Diese Kipppunkte gibt es nicht nur für das Grönlandeis, sondern unter anderem auch für den Permafrostboden in Sibirien, dessen Auftauen ebenfalls eine große Menge Methan freisetzen würde – wodurch die Klimakrise sich noch mal verschärft.

Die Klimaüberhitzung stellt ein globales Problem dar und lässt sich auch nur global lösen. Allerdings ist die Verantwortung nicht gleich verteilt: Die Industriestaaten Europas und Nordamerikas haben im Zeitverlauf einen großen Teil der Treibhausgase produziert. Daraus erwächst in meinen Augen auch die moralische Pflicht, bei der Reduktion voranzugehen. Außerdem gehören sie nach wie vor zu den größten Emittenten. Deshalb müssen sie glaubwürdig handeln – nur so können sie Druck auf die Schwellenländer ausüben, mehr für den Klimaschutz zu tun.

Für Deutschland ist die Agenda meiner Meinung nach ganz klar: Wir müssen schneller raus aus der Kohleverstromung und weg vom Erdöl, das vor allem im Verkehrsbereich und zur Wärmeerzeugung genutzt wird. Die technologischen Alternativen sind vorhanden, jetzt brauchen wir die Anreize und die politische Steuerung, damit sie den Alltag erobern. Denn noch sind wir weit von einem ökologisch verträglichen Wirtschaftssystem entfernt. Die Energiewende samt dem nötigen Ausbau der Netze – sie wurde in den letzten Jahren verschleppt statt beschleunigt. Besonders die CSU hat sich in Bayern mit einem faktischen Verbot neuer Windräder und der Behinderung des Netzausbaus hervorgetan. Auch in Sachen E-Mobilität sieht es immer noch düster aus. Wenige E-Autos, ein löchriges Netz an Ladestationen und bei der Batterietechnik ist Deutschland höchstens Schwellenland. Bis 2030 wollen China, Indien, die Niederlande und die skandinavischen Länder die Neuzulassung von Verbrennungsmotoren verbieten. Zehn Jahre später folgen Frankreich, Großbritannien und Kalifornien. Hier wird besonders deutlich, dass eine ökologisch verantwortliche Politik nicht im Widerspruch zu wirtschaftlichem Erfolg steht, sondern mehr und mehr dessen Voraussetzung ist.

Neben der Klimaüberhitzung gibt es noch eine zweite Entwicklung, die mittlerweile nicht nur ich beziehungsweise die Grünen besorgniserregend finden. Vielleicht erinnern Sie sich noch an die Aussage von Kurt Beck, damals Ministerpräsident von Rheinland-Pfalz, der den Einsatz der Grünen für den Schutz der Artenvielfalt als »Mopsfledermauswahlkampf« verspottete.[15] Heute würde sich kein vernünftiger Politiker und keine vernünftige Politikerin mehr so äußern. Das Insektensterben, der Rückgang bei den Vogelarten, vielmehr die ganze Problematik der Artenvielfalt bekommt langsam die öffentliche Aufmerksamkeit, die es verdient. Die Ursachen sind recht klar auszumachen. Ganz vorne stehen der viel zu hohe Einsatz von Pestiziden in der Landwirtschaft und die Vernichtung von Lebensräumen der Tier- und Pflanzenarten. Einerseits weil kaum ein Quadratmeter landwirtschaftlich nutzbarer Fläche ungenutzt bleibt und der intensive Anbau samt Monokulturen schlecht ist für die Artenvielfalt. Andrerseits weil zu viel natürliche Fläche für Straßen, Gewerbe und Einkaufszentren verbraucht wird. Die Art, wie wir Landwirtschaft betreiben, sorgt auf allen Seiten für Verdruss. Bei den Verbraucherinnen und Verbrauchern, beim Naturschutz und bei den Bäuerinnen und Bauern selbst, weil immer mehr von ihnen aufgeben müssen. Es gibt genügend Beispiele in Südtirol, in Österreich, aber auch hier in Deutschland, die zeigen: Es geht anders. Bessere ökologische Standards bedeuten qualitativ hochwertigere Produkte, was die Verbraucherinnen und Verbraucher auch honorieren. Ich persönlich glaube, dass sich mit einer Mischung aus klaren Vorgaben und zielgenauer Förderung da eine Menge erreichen lässt. So kann man Menschen mobilisieren. Bei dem Volksbegehren in Bayern *Rettet die Bienen!* trugen sich im Februar 2018 beispielsweise binnen zwei Wochen fast 1,8 Millionen Menschen in die Unterschriftenlisten ein – das erfolgreichste Volksbegehren, das es in Bayern je gab. Woran ich schon in der ersten Woche merkte, dass das Volksbegehren durch die Decke gehen wird? Ich habe plötzlich Nachrichten von Leuten aus meinem Bekanntenkreis bekommen, die sich vorher nicht gerade als oberste Naturschützer hervorgetan haben. Die mich erinnerten, dass ich mich doch unbedingt eintragen solle, denn da gehe es ja um wirklich viel. Die mich gefragt haben, warum wir im Landtag so einen Gesetzentwurf noch nicht gestellt haben (Spoiler: Haben wir Grünen – wurde nur abgelehnt). Aber dank dem Druck der Bürgerinnen und Bürger hat Bayern heute gegen den Widerstand der Landesregierung ein zeitgemäßes und wirksames Naturschutzgesetz. Ein großartiger Erfolg!

Ob Schutz des Erdklimas, Erhalt der Biodiversität oder die Vermüllung der Weltmeere: Es liegt auf der Hand, dass wir handeln müssen – und zwar schnell. Berücksichtigt man die Fakten und wissenschaftlichen Erkenntnisse, kann man schwerlich zu einem anderen Ergebnis kommen. Ökologische Fragen müssen ins Zentrum der Politik gerückt und sie müssen mit der Dringlichkeit und Radikalität angegangen werden, wie es die Faktenlage gebietet. Wir haben es hier nämlich mit einer Existenzfrage zu tun und nicht mit einer Entscheidung über den individuellen Lebensstil.

Zu oft scheuen sich Entscheidungsträger*innen in der Politik, klare Vorgaben zu machen und diese zugleich einzuhalten. Und überlassen es den sensibilisierten Bürgerinnen und Bürgern, im Sinne der Umwelt zu handeln. So wird dann der Wochenendeinkauf leicht zum inneren Spießrutenlauf – auch bei mir. Immer muss ich zuerst nachsehen, woher die Äpfel aus dem Supermarkt kommen. Werden sie extra aus Neuseeland hertransportiert? Oder aus der Region? Wie lange lagen sie dann im Kühlhaus? Hat der Bauer für die Milch einen ordentlichen Preis bekommen? Warum gibt es das Bund Schnittlauch nur in aufwendiger Plastikverpackung? Das ist anstrengend, und dafür hat man einfach nicht immer Zeit. An manchen Tagen bin ich froh, wenn ich es kurz vor acht Uhr abends überhaupt noch schaffe, Milch, ein paar Nudeln und eine Tafel Schokolade einzukaufen. Und das geht bei der Mobilität ja weiter: Wenn ich mit dem Auto fahre, puste ich zu viel Kohlendioxid in die Luft. Nehme ich die Bahn, muss ich zweimal umsteigen, und am Ende warte ich eine Stunde auf den Bus. Sie alle kennen diese Gedanken. Oft genug ist ökologisches Verhalten mit Einschränkungen verbunden, auf jeden Fall aber muss man mühsam nach Alternativen suchen. Die einfache, hingegen umweltschädliche Lösung wird einem nachgeschmissen. Die umweltfreundliche muss man sich erarbeiten und meistens auch mit mehr Geld bezahlen. Eigentlich müsste es doch genau andersherum sein: Wer sich umweltfreundlich verhält, verdient einen Vorteil! Dieses existenzielle Problem werden wir wohl nur lösen, wenn das Engagement der Bürgerinnen und Bürger mit den richtigen politischen Leitplanken zusammenpasst. Ein Beispiel, das alle betrifft, ist die Kennzeichnung von Lebensmitteln. Statt aufwendig die Haltungsbedingungen der Tiere oder den Zuckergehalt zu recherchieren, will ich als Konsument*in im Supermarkt auf einen Blick erkennen, woher das Produkt stammt und was drin ist, damit ich dann eine Kaufentscheidung treffen kann. Leider konnte die Lebensmittelindustrie eine einfache Kennzeichnung lange verhindern. Das ist doch absurd!

Es geht also um die richtigen Rahmenbedingungen für alle, anstatt um das schlechte Gewissen jedes Einzelnen. Und dafür ist die Politik zuständig. Leider sehen das nicht alle so. Ein Teil derer, die Angst vor Veränderungen in Richtung mehr Klima- und Umweltschutz haben, nutzen jede Gelegenheit, um Menschen, die für mehr Umweltschutz eintreten, zu diskreditieren. Das Zerrbild der Grünen-Wählerin, die mit dem SUV zum Naturkostladen fährt, wird dabei gerne genutzt. Aber auch vor persönlichen Angriffen wird nicht zurückgeschreckt. Die Klimaaktivistin Greta Thunberg, das internationale Gesicht der *Fridays for Future*-Bewegung, wird beschimpft und beleidigt, weil sie auf einer Zugfahrt Toast aus einer Plastikverpackung isst. Das ist einfach nur verrückt. Sollte man sich nicht eher dafür starkmachen, dass es klare Vorgaben für Hersteller und Handel bezüglich ökologischer Mehrwegalternativen gibt? Ich selbst musste einen ordentlichen Shitstorm hinnehmen, weil ich ein Foto aus Kalifornien gepostet hatte, auf dem ich – Skandal! – ein Eis mit einem Plastiklöffel esse. (Ich gebe es zu: Ich esse auch manchmal in Deutschland mit einem Plastiklöffel und ja, ich habe sogar schon mal aus einem Strohhalm getrunken. Und trotzdem setze ich mich dafür ein, dass die weltweite Plastikflut gestoppt wird – darum mache ich Politik.) Natürlich bin ich nach Kalifornien mit dem Flugzeug gereist. Anders kommt man dort nicht hin, und anders werde ich als überzeugte Transatlantikerin auch in naher Zukunft nicht die USA besuchen können. Als ich mein sehr lehrreiches und spannendes Auslandssemester 2007 in San Diego und mein Praktikum 2008 beim Barack-Obama-Wahlkampf in Michigan gemacht habe, saß ich ebenfalls im Flugzeug. Manchmal geht es eben nicht anders. Aber eines ist doch klar: Alle Menschen, die sich bemühen, sich möglichst nachhaltig zu verhalten, überlegen vorher erst, ob der Flug wirklich notwendig ist, ob nicht auch andere Alternativen zum Flugzeug existieren, und leisten hinterher Ausgleichszahlungen – genau das mache ich auch.

Ich glaube, dieses Spannungsverhältnis kennen viele Menschen: Auf der einen Seite möchte man möglichst umweltgerecht leben und reisen, auf der anderen Seite aber den eigenen Horizont erweitern. Reisen verbindet, wir bauen Vorurteile ab, wir lernen, wir tauschen uns aus – und wir arbeiten global und müssen das auch. Denn die großen Herausforderungen lösen wir nicht, indem wir nur bis zu unserer Gemeindegrenze denken. Darum gilt auch hier: pragmatische und nachhaltige Lösungen zu finden. Das Bahnnetz in Europa so auszubauen, dass das Fliegen überflüssig wird, weil ich mit dem Zug schnell, pünktlich und bezahlbar an meinen Zielort komme. Und eine Kerosinsteuer für die Flüge einführen, damit der Preis die ökologische Wahrheit sagt.

Bei all den persönlichen Angriffen geht es letztlich auch nicht um die Sache, also ob das Verhalten ökologisch ist oder nicht. Wenn man den Klimaschutz nur vorantreiben darf, sobald man zu 100 Prozent ökologisch korrekt lebt, wird niemand mehr für den Klimaschutz kämpfen. Denn niemand kann das. Niemand kann zu 100 Prozent Kohlendioxid-neutral leben, und niemand tut das. Man kann die Verantwortung zur Bekämpfung der Klimakrise nicht auf den Einzelnen abwälzen. Wir brauchen also eine bessere Politik und nicht die »besseren Menschen«. Wir brauchen politisch Verantwortliche, die Rahmenbedingungen verändern. Die dafür sorgen, dass »planetenzerstörerisches Handeln« reduziert und »enkeltaugliches Handeln« unterstützt wird. Solange die Schuld auf uns als Individuum abgewälzt wird, können die wahren Verursacher immer weitermachen. Ganz abgesehen davon, geht es bei dieser Debatte den Klimaleugnern und Rückwärtsgewandten darum, bestimmte Menschen in der Hoffnung zu diskreditieren, so ökologische Veränderungen zu stoppen. Aber: Diese Hoffnung wird schon bald verfliegen. Denn immer mehr Menschen erkennen, dass sich etwas ändern muss. Und deswegen ist es egal, ob jemand schon seit 30 Jahren für den Klimaschutz eintritt oder erst seit ein paar Tagen. Es gibt keine »besseren« oder »schlechteren Ökos«. Hören wir auf, in solchen Kategorien zu denken. Vereinen wir uns lieber in einer großen Bewegung für Klimagerechtigkeit und machen uns gemeinsam auf den Weg!

Eine Sache ist dabei sicher: Veränderungen brauchen verbindliche Regeln. Der Sozialstaat kam nicht etwa dadurch zustande, dass wir an die Menschen appelliert haben: Gebt etwas an die Ärmeren ab. Er kam dadurch zustande, dass wir soziale Grundrechte eingeführt haben, die auch einklagbar sind. Und er wird getragen von der Einsicht, dass es ein Existenzminimum gibt, unterhalb dessen ein menschenwürdiges Leben nicht möglich ist. Das ist eine zivilisatorische Leistung, die allerdings ein Mindestmaß an Empathie braucht. Ich fühle mit dem anderen mit, ich will nicht, dass er im Elend lebt. Ich glaube, dort müssen wir auch in der Umweltpolitik ansetzen. Wir brauchen neben der Empathie für unsere Mitmenschen eine Empathie für die kommenden Generationen. Und die dürfen wir nicht der Lebensführung Einzelner überlassen, nein, wir müssen sie institutionell und politisch verankern. Durch Anreize, Förderprogramme, Gebote und auch Verbote, falls nötig. Sobald Preise die ökologische Wahrheit sagen – wie etwa durch eine Kohlendioxidbepreisung –, werden sich sehr schnell ökologisch verträgliche Alternativen etablieren. Vor allem aber brauchen wir ein einklagbares Recht auf den Erhalt der natürlichen Lebensgrundlagen. Es ist meine und deine Aufgabe, sicherzustellen, dass wir nicht heute das Leben derer verfrühstücken, die nach uns kommen. Und das können wir nur politisch leisten. Dafür muss der Erhalt der natürlichen Lebensgrundlagen integraler Bestandteil unseres Landes werden: Neben den Rechtsstaat, den Sozialstaat und die Demokratie muss die Ökologie als konstituierendes Element unseres Zusammenlebens treten.

Ich halte es deswegen für höchst gefährlich, dass es immer noch so viele gibt, die sich mit umweltpolitischen Forderungen nur polemisch auseinandersetzen. Unübertroffen ist dabei der polnische Außenminister Witold Waszczykowski, der gewarnt hat vor »einem neuen Mix von Kulturen und Rassen, einer Welt aus Radfahrern und Vegetariern, die nur noch auf erneuerbare Energien setzen und gegen jede Form der Religion kämpfen«.[16]

Diese Aussage ist natürlich kompletter Unsinn. Wichtig ist hierbei die mehr oder weniger unterschwellige Angst, die mitschwingt. Die Angst, durch Veränderungen die eigene Identität zu verlieren und den erreichten sozialen Status einzubüßen. Die Angst geht sogar so weit, dass manche lieber bereit sind, die Wirklichkeit auszublenden, als nach alternativen Lösungen zu suchen. Das ist menschlich verständlich, weil grundlegende Veränderungen immer auch Unsicherheiten produzieren. Tatsächlich gibt es für meine Begriffe aber keinen Grund, Angst davor zu haben, kurze Strecken mit dem Rad statt dem Auto zurückzulegen oder in seinem eigenen Glauben erschüttert zu werden – nur weil andere Menschen nicht religiös sind. Aber auch das sagt sich manchmal leichter, als es ist … Während einer Zusatzausbildung zur Veränderungsprozessbegleiterin habe ich den schönen Satz gehört: »Wahrnehmungen kann man nur schwer wegdiskutieren.« Deshalb wäre es auch falsch, sich über die Menschen lustig zu machen, die Angst haben. Das sollte man nie tun – in der Politik erst recht nicht. Für diejenigen, die Politik an verantwortlicher Stelle machen, die das Land durch Veränderungen durchmanövrieren und Orientierung geben sollen, gilt ein anderer Maßstab. Wir Politiker*innen müssen ein offenes Ohr für die Ängste der Bürger*innen haben. Wir müssen auf sie eingehen, statt sie abzutun, und Lösungsmöglichkeiten aufzeigen, damit die berechtigten Sorgen weniger werden. Dabei gilt es, gut zu unterscheiden, was wirkliche Sorgen sind und was nur benutzt wird, um Stimmung zu machen. Deswegen finde ich es grundlegend falsch, wenn Politiker*innen die Ängste einfach nur wiederholen und verstärken. Das ist keine verantwortungsvolle Politik, sondern plumper Populismus.

Neben der Angst, die immer vorherrscht, wenn sich etwas ändert, gibt es noch andere Bedenken, die wir als Ökologen ernster nehmen und mit einer positiven Vision beantworten müssen. Es geht um die Befürchtung, mehr Umweltschutz bedeute weniger Wohlstand. Und dass es vor allem Menschen mit geringerem Einkommen trifft, wenn wir ökologischer leben und wirtschaften. Von interessierter Seite werden diese Bedenken gerne aufgegriffen und in Form von Zerrbildern verstärkt: »Wenn wir die Atomkraftwerke abschalten, gehen die Lichter aus«, lautete eine dieser Drohungen. Jetzt dauert es nicht mehr lange, bis das letzte AKW abgeschaltet ist. Und wir haben so viel Strom, dass wir ihn massenhaft exportieren. Gerade von rechtspopulistischer oder konservativer Seite kommt gerne der Vorwurf, besserer Umweltschutz gehe zulasten von Menschen mit geringem Einkommen. Dieses Argument ist schon deshalb falsch, weil es vor allem die Ärmeren sind, die unter schlechten Umweltbedingungen leiden, etwa als Anwohner*innen verkehrsreicher Straßen. Es ist geradezu heuchlerisch gemeint, denn vor allem diejenigen, die hier ihr Herz für die Schwachen entdecken, sind für soziale Fragen ansonsten taub. Ein höherer Mindestlohn oder ein höheres Arbeitslosengeld 2 (ALG II) wird von denen verhindert, die sich gegen besseren Umweltschutz stemmen. Nur mit Fakten und logischen Argumenten werden wir diese Zerrbilder nicht entkräften und die Befürchtungen nicht besänftigen können. Das geht nur mit einem positiven Leitbild, das Hoffnung macht und attraktiv ist.

Deshalb sage ich an dieser Stelle auch klar und deutlich: Wir werden den Schutz des Klimas und den Erhalt unserer natürlichen Lebensgrundlagen nur schaffen, wenn wir auf technische und soziale Erneuerung setzen. So, wie wir unser Energieproblem durch Wind- und Sonnenstrom lösen können, schaffen wir es auch in anderen Bereichen mit einem Mix aus neuen Technologien und der Bereitschaft, neu und anders zu denken. Statt Tausende Tonnen Ackergifte auf die Felder zu spritzen, könnten wir autonome Roboter einsetzen, die Felder von Unkraut befreien. Statt alles selbst anzuschaffen, was wir vielleicht nur ein paar Mal im Jahr brauchen, könnten wir Dinge gemeinsam nutzen – vom Rasenmäher über das Auto bis hin zu Werkzeugen. Statt Wind- oder Sonnenstrom ungenützt zu lassen, könnten wir durch ein intelligentes System mit Lastmanagement, Leitungen und Speichern die Produktion und den Verbrauch von Strom viel besser aufeinander abstimmen. Der Kreativität sind hier kaum Grenzen gesetzt.

Ich bin deshalb von diesem Weg so überzeugt, weil ich mir schlicht nicht vorstellen kann, dass wir mit der Botschaft der Beschränkung, Entsagung und des Verzichts Mehrheiten gewinnen können. Und ich bin auch deshalb überzeugt, weil es gerade die westlichen Industrieländer sind, die für viele aufstrebende Staaten ein Leitmodell darstellen. Wenn die Schwellenländer sehen: Wohlstand, Umweltschutz und Klimaschutz – das geht alles zusammen, dann können wir diese Länder auch für unser Modell gewinnen. Wenn wir ihnen aber sagen: Ihr müsst euch einschränken, was glauben Sie wohl, werden die uns erzählen? Diese Länder und ihre Menschen, die seit vielen Jahrzehnten abseits des westlichen Wohlstands leben und jetzt die Chance sehen, endlich ein größeres Stück vom Kuchen abzubekommen? Die werden nicht einfach sagen: »Ja, das machen wir.« Die werden sagen: »Ihr habt lange genug auf unsere Kosten gelebt. Jetzt sind wir dran.« Und genau aus diesem Grund haben wir überhaupt keine andere Chance, als ein Modell umwelt- und klimafreundlichen Wohlstands anzubieten. Alles andere funktioniert weder bei uns noch im globalen Maßstab. Und hier sehe ich die vielleicht größte Verantwortung, die Deutschland beim Klimaschutz innehat: zeigen, dass wir gut leben können, ohne den Ast abzusägen, auf dem wir sitzen. Genau das sollten wir anpacken und dabei auf die Kreativität und den Erfindungsgeist der Menschen setzen.[17] Und als Politiker*innen die richtigen Rahmenbedingungen setzen, damit Kreativität und Innovationen den Weg zu einer klimafreundlichen Gesellschaft frei machen können.

Noch vor drei Jahren waren die Aussagen von Professor Schellnhuber für die meisten Menschen eher eine Randnotiz. Genauso wie 2009 das Scheitern der UN-Klimakonferenz von Kopenhagen, zu der ich mit der Grünen Jugend München als Demonstrantin und mit viel Hoffnung gereist war. Heute steht der Klimaschutz endlich im Zentrum der Politik. Das stimmt mich trotz der riesigen Herausforderungen, vor denen wir alle gemeinsam stehen, hoffnungsfroh.

Digitale Transformation für alle

»Bei uns kann man alles digital machen – außer heiraten, sich scheiden lassen und ein Haus kaufen.« Diesen Satz hörte ich in der letzten Legislaturperiode von vielen estnischen Gesprächspartner*innen, als wir mit dem *Arbeitskreis Demokratie* der Grünen Landtagsfraktion das baltische Land besuchten, dort verschiedenste Vorträge anhörten und Gespräche mit Expert*innen führten. Estland liegt nämlich, was die Digitalisierung anbelangt, im weltweiten Vergleich ganz vorn – die Esten bezeichnen ihr Land auch gern mal als »e-estonia«. Dort funktionieren online nicht nur Steuererklärungen und Start-up-Gründungen in wenigen Minuten, auch die Krankenakte ist digitalisiert genauso wie die Wahlen. Selbst der freie Netzzugang wurde bei den Esten zu einem Grundrecht erklärt, was dazu führt, dass Estland eine fast 100-prozentige Netzabdeckung hat. Diese Aussage blieb mir noch lange im Gedächtnis haften, weil wir in Deutschland nicht einmal den Personalausweis online verlängern können. Dabei stelle ich mir natürlich auch die Frage: Wollen wir das überhaupt? Meines Erachtens wäre die elektronische Verlängerung des Personalausweises sehr sinnvoll, Wahlen jedoch möchte ich lieber weiterhin im Wahllokal belassen – ganz nach dem Motto: »One (wo)man, one vote.« Wie immer muss man also differenzieren.

Mit diesem Vergleich im Gepäck, fiel mir zu Hause noch mal mehr auf, wie wenig entwickelt Deutschland bei der Digitalisierung ist, und welchen eigentümlichen Stellenwert der digitale Wandel in der öffentlichen Debatte doch hat. Es wird ständig und sehr viel über den digitalen Wandel geredet, aber häufig, ohne etwas zu sagen. Es vergeht keine Konferenz, keine Veranstaltung, keine Debatte, in der nicht irgendjemand »KI«, »Digitalisierung«, »soziale Medien«, »Industrie 4.0« namedropped. Es gibt auch kaum eine Regierungserklärung, einen Koalitionsvertrag oder ein Parteiprogramm, in dem nicht auf die Herausforderungen durch die Digitalisierung hingewiesen wird – und dass sie tatsächlich alle Lebensbereiche betreffen werde. Wobei das Problem in meinen Augen bereits mit der Begrifflichkeit beginnt. »Digitalisierung« sagt erst einmal nichts anderes aus, als dass Informationen nicht mehr in analoger, sondern in digitaler Form gespeichert werden. Für sich genommen ändert das zwar auch einiges, ist aber meilenweit von den weit- und tief reichenden Folgen entfernt, von denen wir alle ahnen: Sie werden kommen. Deswegen halte ich die Bezeichnung »digitale Transformation« für wesentlich besser und aussagekräftiger. Sie sagt aus, was die Möglichkeiten und die Anwendung digitaler Technologien bewirken können und bereits bewirken: nämlich grundlegende Veränderungen ökonomischer, gesellschaftlicher, politischer und kultureller Art – und das fortlaufend. Angesichts dessen ist unsere Art und Weise, wie wir darüber sprechen, seltsam verkürzt. Wir tun einerseits so, als habe sich da eine technologische Entwicklung ergeben, die sich nach der Logik eines Naturgesetzes ausbreitet. Andererseits wird das Thema auch gerne im technischen oder ökonomischen Sinne verkürzt. Da müsse man schneller, effizienter werden, um den Anschluss nicht zu verlieren. Regulierung sei schwer bis gar nicht möglich, weil die digitale Transformation eine globale Entwicklung sei. Das mag alles bis zu einem gewissen Grad auch richtig sein. Aber gerade wenn die These von der Durchdringung aller Lebensbereiche stimmt, ist es »allerhöchste Eisenbahn«, einen politischen Rahmen zu setzen, die digitale Transformation politisch zu gestalten: Denn falls »(…) Politik und Zivilgesellschaft nichts unternehmen, um den digitalen Wandel zu gestalten, dann gestalten ihn andere – gegenwärtig sind das vor allem die großen, global agierenden Internetkonzerne und andere Firmen, die hoffen, vom digitalen Kuchen etwas abzubekommen. Wenn das Wohl privater Unternehmer automatisch mit dem Wohl der Gesellschaft gleichgesetzt werden könnte, müsste man sich keine Sorgen machen. Doch es gibt keinen Anhaltspunkt dafür, dass dies der Falle wäre.«[18] Professorin Lisa Herzog hat es hier perfekt auf den Punkt gebracht. Schauen wir uns doch mal zusammen die Lage an: Wir haben auf der einen Seite wenige, dafür sehr innovative Unternehmen aus den USA, die in ihrem Sinne Standards setzen, und auf der anderen Seite das aggressiv staatskapitalistische System Chinas, das mit Social Scoring und Massenüberwachung seinen Weg fortsetzt: Wer sich im Sinne des Systems verhält, bekommt Pluspunkte, wer nicht konform geht, muss Sanktionen befürchten. Und was ist darauf die Antwort von uns, von uns Europäer*innen? Ich höre da nicht viel, finde aber, wir müssen einen eigenen Weg bei der digitalen Transformation unserer Gesellschaft gehen.

Welche Leitplanken wir einziehen wollen, welche positiven Veränderungen wir verstärken und welche negativen Auswirkungen wir eindämmen wollen – daran sollte sich die Politik bei der Gestaltung der digitalen Transformation orientieren. Dabei geht es auch, aber nicht nur um Wertschöpfung. Materieller Wohlstand ist ein Ziel, aber eben nicht das einzige. Letztlich geht es bei den politischen Entscheidungen darum, einen möglichst hohen Grad an Freiheit für alle im Auge zu behalten. Mit diesem Wertekompass gelingt es meiner Auffassung nach gut, die richtigen Entscheidungen zu treffen und durchzusetzen. Widerstände gibt es ja zuhauf: Von denen, die von der bislang kaum regulierten digitalen Transformation profitieren, also vor allem von den großen Internetkonzernen Facebook, Google und Co. Aber auch von konservativen Kulturpessimisten, die den digitalen Wandel von Anfang an als Untergang des Abendlandes verschreien. Von beiden Positionen sollten wir uns nicht abschrecken lassen, sondern damit beginnen, Freiheit zum Maßstab der politischen Rahmenbedingungen für die digitale Transformation zu machen.

Wo die Daten nicht fließen, müssen wir über digitale Transformation gar nicht erst reden. In Deutschland sind die vermeintlichen Datenautobahnen leider oft genug noch »Datenfeldwege«. Während in Südkorea vier von fünf und in Schweden fast zwei Drittel der stationären Breitbandanschlüsse über Glasfaser verbunden sind, waren es in Deutschland 2018 gerade einmal 3,2 Prozent.[19] Selbst die flächenmäßig viel größeren USA kamen auf einen Wert von 14,3 Prozent. Statt in die Zukunftstechnologie Glasfaser zu investieren, die deutlich schnellere Datenübertragung möglich macht, floss in den letzten Jahren sehr viel Geld in die Ertüchtigung alter Kupferkabel. Auf diese Weise ließ sich die Deutsche Telekom, die über einen Großteil der Hausanschlüsse verfügt, ihr altes Netz zum zweiten Mal aus Steuergeldern bezahlen – nur, dass sie jetzt eben kein staatseigener Betrieb mehr ist. Das ist ordnungspolitisch problematisch und im Ergebnis unbefriedigend, weil die Datenübertragung per Kupferkabel trotz »Vectoring« an seine Grenzen stößt. Deutschland hinkt im internationalen Vergleich ziemlich hinterher. Vor allem in den Regionen abseits der großen Städte ist das Netz langsam. Damit vergeben wir auch eine Chance, den ländlichen Raum attraktiver zu machen. Eine Studie[20] im Auftrag der Grünen im Bayerischen Landtag hat ergeben, dass in Bayern bis 2025 etwa 90 Prozent der Haushalte einen Glasfaseranschluss bekommen könnten, wenn die Förderpolitik geändert wird. Bis 2030 könnte dies für alle Haushalte umgesetzt werden. Die Kosten sind zwar mit elf Milliarden Euro hoch, vergleicht man diese Summe aber mit den Kosten für lokale Verkehrsprojekte wie Stuttgart 21 oder den Bau eines S-Bahn-Tunnels in München – die jeweils mit mehreren Milliarden Euro zu Buche schlagen –, relativiert sie sich. Beide, das Datennetz und das Verkehrsnetz, sind für eine moderne Gesellschaft jedoch unverzichtbar.

Ähnlich schlecht sieht es mit der Netzabdeckung und der

Übertragungsgeschwindigkeit im Mobilfunk aus. Seit ich 14 Jahre alt bin, will ich mit der Transsibirischen Eisenbahn von Moskau nach Peking fahren. 2016 habe ich es endlich gemacht und war selbst ganz erstaunt: Neben wundervoller Natur, sehr lustigen Mitreisenden, frischen Blaubeeren in Hülle und Fülle und einer stundenlangen Diskussion, die mit Händen und Füßen sowie Google Translate geführt wurde, hatte ich auf der gesamten Strecke perfektes Netz! Ich hatte mir in Moskau eine SIM-Karte fürs Handy und iPad besorgt – und alles funktionierte einwandfrei. Ich konnte telefonieren, meine Serien weiterschauen und begeistert jeden Ort googeln, an dem wir vorbeirauschten. Reise ich in Bayern mit dem Zug durch die Lande, zu Veranstaltungen, Firmenbesuchen oder Podiumsdiskussionen, fahre ich oft von Funkloch zu Funkloch. Der von mir meistgesagte Satz am Handy lautet: »Sorry, ich bin im Zug, hier ist schlechtes Netz. Hallo? Hallo? Hm, geht nicht, ich rufe später noch mal an.« Das ist einer Industrienation unwürdig. Auch hier hinkt Deutschland hinter Ländern wie etwa Polen, Albanien oder Belgien her,[21] obwohl hierzulande die Kund*innen im europäischen Vergleich am meisten bezahlen. Die digitale Transformation muss in Deutschland also erst einmal damit beginnen, ihre eigenen Voraussetzungen zu schaffen und die Netze auf einen international vergleichbaren Standard zu bringen. Und während wir in Deutschland noch über die Versteigerung der Frequenzen diskutieren, hat Südkorea schon längst flächendeckend 5G. Ohne passende Infrastruktur bleibt die digitale Transformation bei uns nur ein Lippenbekenntnis.

Neben dem dringend benötigten Infrastrukturausbau müssen wir uns aber auch mit den weiteren gesellschaftlichen Auswirkungen beschäftigten. Ich für meinen Teil möchte die digitale Transformation so gestalten, dass die Freiheit aller erhalten oder vergrößert wird. Das bedeutet zwangsläufig, alle Menschen für die digitale Gesellschaft zu befähigen. Nur ein souveräner Umgang mit Daten und digitalen Technologien garantiert Selbstbestimmung. Das beginnt im Kindergarten und in der Schule – aber bereits hier springt die Debatte zu kurz. Es wird erbittert darum gestritten, ob und unter welchen Bedingungen Handys an den Schulen benutzt werden dürfen und ob die Schulen über die nötige technische Ausstattung verfügen. Als ich noch zur Schule ging, wurde begeistert ein neuer Beamer gefeiert. Der dann genau ein paar Mal zum Einsatz kam, bis er kaputt war und sehr lange nicht repariert werden konnte. Wir griffen stattdessen auf den guten alten Overheadprojektor zurück – und im Erdkundeunterricht wurde immer mal wieder jemand in den muffligen Kartenraum geschickt, um eine riesige Landkarte ins Klassenzimmer zu schleppen. Schon allein dieses Beispiel zeigt: Die beste Technik nützt nichts, wenn es dafür in den Schulen kein qualifiziertes Personal gibt, das in der Nutzung und Wartung geschult ist. Natürlich muss dafür auch ein Zeitkontingent vorhanden sein: Dass die Physiklehrerin die IT-Ausstattung nebenher betreut, kann auf Dauer nicht die Lösung sein.

Wenn über die digitale Transformation mit Blick auf den Schulunterricht gesprochen wird, geht es meistens um das Programmieren, als wäre es unser erklärtes Ziel, möglichst viele Programmierer*innen auszubilden. Derweil trifft das gar nicht zu. Natürlich müssen wir alle die Grundkenntnisse des Codings beherrschen. Das muss auch in den Schulen vermittelt werden, aber das allein reicht nicht aus. Denn auch in einer digitalen Welt sollte es Ziel der Schulbildung sein, die Kinder stark zu machen und sie zu befähigen, gleichermaßen Verantwortung für sich und ihre Umwelt zu übernehmen. Dieser Verantwortung gerecht zu werden ist heute oder in 15 Jahren etwas völlig anderes, als es im Zeitalter der Industriegesellschaft der Fall war. Die Schulen vollziehen diese Veränderung allerdings nur in Trippelschritten. Verantwortung übernehmen bedeutet, eine mündige Bürger*in zu sein, als

Demokrat*in qualifiziert an der Meinungsbildung mitzuwirken, den eigenen Lebensunterhalt zu verdienen, selbstbestimmt das eigene Leben zu gestalten und – wo nötig – andere zu unterstützen.

Ändern sich die Voraussetzungen dafür, brauchen wir auch andere Kompetenzen, um das zu schaffen. Das fängt bei der Verarbeitung von Informationen und der Meinungsbildung an. Die Menge an Nachrichten, die tagtäglich auf uns einströmt, ist um ein Vielfaches größer als zu einer Zeit, in der die meisten Menschen drei zeitlich begrenzte Fernsehprogramme, eine Tageszeitung, etwas Radio und die Gespräche mit Freunden und Bekannten als Informationsquellen nutzten. Das ist bei mir nicht viel anders, über mich ergießt sich – natürlich auch berufsbedingt – eine Flut an Mails, SMS, Twitternachrichten und, und, und. Dass ich immer mal wieder aufs Handy gucke, auf Twitter nachschaue, ohne groß etwas Neues zu erfahren, dabei ertappe ich mich auch. Das Handy ist mein Hauptarbeitsgerät, ich bin ständig online und dadurch erreichbar. Mit dem schnellen Griff zum Handy bleibt allerdings auch ein Großteil der Konzentration auf der Strecke. Diese hohe Geschwindigkeit, mit der alles passiert, diese Schnelllebigkeit stresst mich natürlich ebenfalls – an manchen Tagen mehr, an manchen weniger. So wie es mir als Einzelperson geht, ergeht es in meinen Augen auch der Gesamtgesellschaft. Ein Beispiel aus der Innenpolitik, die ich als innenpolitische Sprecherin natürlich intensiv verfolge: Wurde irgendwo ein schlimmer Anschlag verübt oder hat ein Verbrechen stattgefunden, wollen alle sofort wissen, was genau geschehen ist. Wilde Spekulationen greifen um sich, irgendwelche Fotos werden irgendwo gepostet, und auf einmal ist die große Debatte losgetreten. Obwohl man meistens noch gar nicht absehen kann, was wirklich passiert ist, und die Polizist*innen noch nicht ermittelt haben. Ich frage mich, wo und wann wir als Gesellschaft unsere Gabe verloren haben, auch mal abwarten zu können? Deshalb plädiere ich dafür – und ich gebe zu, es ist leichter, das zu sagen, als es zu tun: wieder zu lernen, Unsicherheiten auszuhalten. Einfach mal abzuwarten, bis beispielsweise ermittelt wurde, ohne schon nach dem ersten gefallenen Schuss über einen islamistischen, einen rechtsextremen Anschlag oder einen Amoklauf zu spekulieren.

Wichtig ist, dass die Gesellschaft aus den vielen Informationen die wirklich entscheidenden herausfiltert und sich nicht im Hamsterrad weiterdreht. Ich bin mir aber durchaus bewusst, dass dies ein zweischneidiges Schwert ist. Gerade ich als Politikerin lebe ja auch davon, immer up to date zu sein. Wenn die andere Fraktion den einen Antrag vor dir einbringt, dann kann deine Idee noch so gut gewesen sein – das Thema verbucht dann ein anderer auf seinem Konto. Und klar, in einer globalisierten Welt ist Schnelligkeit natürlich ein Asset, Gründlichkeit jedoch auch. Dieses Spannungsverhältnis ist mir durchaus bewusst, heutzutage sind wir einfach wesentlich mehr gefordert, Informationen zu filtern, um die schiere Menge überhaupt verarbeiten zu können. Und zu hinterfragen, ob sie seriös recherchiert oder Teil eines Desinformationsversuchs sind.

Medienkompetenz gehört deshalb obligatorisch in die Lehrpläne. Auch das Wissen und die Kenntnis davon, wie ich mich sicher in der digitalen Welt bewege, was mit meinen Daten passiert und wie ich sie und mein digitales Ich schützen kann. Und natürlich sollte auch Programmieren Teil des Unterrichts sein – vorrangig mit dem Ziel zu verstehen, wie Programme und Algorithmen funktionieren, weil das für das Verständnis der Welt von heute und morgen unabdingbar ist. Die wichtigsten Eigenschaften, die Schule vermitteln muss, sind in meinen Augen kritisches Denken und Empathie. Mit diesen beiden Werkzeugen ist man gut gerüstet, um in die digital transformierte Welt einzutauchen und nicht unterzugehen.

Standardisierbare Tätigkeiten und solche, bei denen es um die Aufbereitung von Daten geht, werden künftig immer weniger von Menschen ausgeübt, sondern von Maschinen. Gegen Maschinen zu konkurrieren ist nicht sehr sinnvoll. Gefragt sind stattdessen Kreativität und Empathie, die Kompetenz, Probleme zu lösen, in Gruppen zusammenzuarbeiten, interkulturelle Kompetenz sowie die Fähigkeit, Perspektiven zu ändern und Dinge aus verschiedenen Blickwinkeln zu betrachten. Mit der Reproduktion von Faktenwissen kommt man da nicht sehr weit. Das ist heute fast überall verfügbar, es kommt vielmehr darauf an, die richtigen Zusammenhänge herzustellen und die Fakten richtig zu interpretieren. Auf diese grob skizzierten Anforderungen bereitet die Schule von heute nicht vor. Deshalb ist es an der Zeit, nicht nur kleine Korrekturen vorzunehmen und die technische Ausstattung auf den neuesten Stand zu bringen. Meiner Überzeugung nach müssen wir Schule in weiten Bereichen völlig neu denken: Etwa indem wir ab der ersten Klasse das obligatorische Fach Digitalkunde einführen und von anderen Ländern lernen. So gibt es in Kanada zum Beispiel keine klassischen Schulnoten mehr. Und in Finnland ist man dazu übergegangen, den Unterricht im Klassenverband weitgehend durch Projektunterricht abzulösen. Solche drastisch anmutenden Schritte müssen bei uns dringend diskutiert und dann umgesetzt werden. Schließlich ist die Veränderung der Lebenswirklichkeit nicht weniger radikal. Wir sollten auch endlich damit beginnen, die Möglichkeiten eines digitalen Unterrichts besser zu nutzen. Alle wollen zu Recht mehr Individualisierung im Schulunterricht, schon allein weil die Voraussetzungen der Kinder immer unterschiedlicher werden. Digitale Unterrichtsmaterialien und Lern-Apps bieten die entsprechenden Hilfsmittel. Was spricht denn dagegen, sie intensiver zu nutzen?

Auch in der beruflichen Bildung müssen wir umdenken.

Das Schlagwort »lebenslanges Lernen« nutzen alle gerne und oft – wenn es aber darum geht, Konsequenzen zu ziehen, passiert noch zu wenig. Der technologische Wandel und mit ihm die Veränderungen in der Arbeitswelt vollziehen sich heute ebenfalls viel schneller. Für viele Berufe reicht es künftig nicht mehr aus, einmal jährlich eine Woche auf Fortbildung zu gehen. Ich selbst habe mich in der letzten Legislaturperiode auch dazu entschieden, noch mal die »Unibank« zu drücken, und mich für den berufsbegleitenden Studiengang *Executive Master of Business Administration* (MBA) an der TU München eingeschrieben. Einfach weil ich mich in Sachen Betriebswirtschaft und Führungskompetenz weiterbilden wollte. Ich hätte genauso gut sagen können: Tja, einen Magister in Politische Wissenschaften, Psychologie und Interkulturelle Kommunikation hab ich schon … Jetzt sitze ich auch im Landtag … Wieso sollte ich mir überhaupt was Neues antun? Diese Denkweise entspricht aber überhaupt nicht meinem Wesen, dazu bin ich zu neugierig und habe viel zu viele Interessen. Nach dem Abi konnte ich mich auch lange nicht entscheiden, ob und was ich studieren will. Oder ob ich doch eine Ausbildung machen soll. Diese schiere Anzahl an Möglichkeiten ist wunderbar, erschlägt einen aber auch oft. Zum Glück haben meine Eltern mir und meinem Bruder ganz selbstverständlich mitgegeben, dass man sich immer weiterentwickeln soll und muss. Das ging schon damit los, dass ich bei der VHS Herrsching einen Zehnfingersystemkurs an acht Abenden absolvieren musste, obwohl wir das damals ziemlich nervig fanden, mit so vielen älteren Leuten in noch viel älteren Räumen lauter »a« und »h« in Folge zu tippen. Heute bin ich dankbar dafür, dass ich so flott in die Tasten hauen kann.

Das kommt mir natürlich alles zugute, vor allem weil lebenslanges Lernen in einer digital transformierten Welt quasi ein »Basic« für ein zufriedenes Leben darstellt. Und genau aus diesem Grund haben im Wirtschaftsleben viele Betriebe auch ein fundamentales Interesse daran, ihre Mitarbeiter*innen gut zu qualifizieren. Leider investieren die meisten Betriebe aber immer noch zu wenig. Wir könnten daher die Berufsschulen besser ausstatten, damit sie nicht nur ausbilden, sondern künftig in größerem Ausmaß weiterbilden können. Und für längere Fortbildungsmaßnahmen müssen wir ein adäquates staatliches Instrument schaffen: ein Bildungs-Grundeinkommen ist ein vielversprechender Ansatz.[22]

Zahlreiche Menschen haben vor der digitalen Transformation Angst, weil sie um ihren Arbeitsplatz fürchten. Ob unterm Strich Arbeitsplätze wegfallen oder neue entstehen, ist umstritten. Die meisten Expert*innen gehen derzeit davon aus, dass sich die Anzahl der Arbeitsplätze in den nächsten 15 bis 20 Jahren nicht grundlegend verändern wird.[23] Das bedeutet aber nicht, dass es keinen Wandel geben wird. Eine Reihe von Tätigkeiten wird voraussichtlich in wachsendem Ausmaß durch Maschinen ersetzt. Die Arbeitswelt verändert sich – und mit ihr die Kompetenzen und Fähigkeiten, die künftig gefragt sind. Ich habe eine Bäckerei besucht, die sich die Digitalisierung zunutze macht, und festgestellt: Kein Mensch muss mehr um drei Uhr früh in der Backstube stehen. Man stellt am Abend vorher die Zutaten bereit, und der Backvorgang beginnt hoch automatisiert von ganz allein. Ich kann also Regionalität und Hightech verbinden. Natürlich modifiziert das die Aufgaben der Bäcker*in. Aber auch andere Ausbildungsberufe müssen sich den Anforderungen ihrer Zeit anpassen. Auf einer Familienfeier wurde ich beispielsweise noch gefragt, ob ich nach der Schule nicht eine Ausbildung bei der Sparkasse machen möchte. Das sei doch so schön sicher, der Job bliebe mir ein Leben lang – hieß es. Damals war ich 13 Jahre alt und wollte davon aber nichts wissen. Und heute fällt dieser Beruf schon lange mehr unter die Kategorie »sicher«. Denn auch höher qualifizierte Berufe – wie etwa die der Finanzdienstleister oder des Steuerwesens – werden durch Algorithmen ergänzt, auf lange Sicht vielleicht sogar ersetzt.[24]

Kreative und soziale Berufe hingegen haben eine gute Perspektive. In der Berufsberatung sollte das eine wichtige Rolle spielen. Apropos Berufsberatung: Auch hier gilt, nicht nur anhand von Noten zu agieren – nach dem Motto »Aha, du hast 'ne Zwei in Biologie, willst du nicht Gärtnerin werden?«. So ist das mir nämlich passiert. Wenn ich aber etwas überhaupt nicht leiden kann, dann ist es: gärtnern. In der Erde rumzubuddeln und irgendwelche Pflanzen einzugraben – nicht mein Ding. Wurde mir damals aber ernsthaft vorgeschlagen. Wo sind denn die Formate, um entlang der Soft Skills die Interessen, Fähigkeiten und Stärken von jungen Menschen zu identifizieren und sie passgenau zu beraten? Niemandem ist geholfen, wenn wir jetzt noch zahlreiche Bank- und Versicherungskaufleute ausbilden, die später schwer vermittelbar sind, aber Arbeitskräfte in der Pflege und Erziehung fehlen. Das ist natürlich auch eine Frage der Bezahlung und der Arbeitskonditionen. Und es würde sich lohnen, das Thema Mensch-Maschine-Interaktion stärker in den Blick zu nehmen. Die Vorstellung, im Alter von einem Roboter gepflegt zu werden, ist für viele Menschen eine düstere Perspektive. Ein Assistenz-Roboter dagegen, der beim Heben der Gepflegten hilft und so dem Pflegepersonal einen geschädigten Rücken erspart, wäre aber durchaus sinnvoll.

Eine andere Entwicklung, die wir bereits heute sehen, ist problematischer: die Gefahr eines gespaltenen Arbeitsmarktes. Während ein Teil der Beschäftigten und Unternehmen sehr hohe Gehälter und Gewinne einfährt, muss sich der Rest mit sehr viel weniger bescheiden und mit einem Leben knapp über dem Existenzniveau zufriedengeben. Die Gehälter in den Vorstandsetagen gehen durch die Decke, während Menschen, die in der Gebäudereinigung, im Einzelhandel oder in der Paketzustellung arbeiten, kaum von der Gehaltsentwicklung profitieren. Eine »The winner takes it all«-Wirtschaft[25] schadet aber auf Dauer dem gesellschaftlichen Zusammenhalt und ist auch ordnungspolitisch schlecht: Monopole führen zu sinkendem Wettbewerb und zu viel Macht für einzelne Akteure. Amazon ist dafür ein prominentes Beispiel.

Wahrscheinlich geht uns durch die digitale Transformation die Arbeit so schnell nicht aus. Es kann jedoch sein, dass das Arbeitsvolumen tendenziell sinkt. Die Forderung eines bedingungslosen Grundeinkommens, das die soziale Sicherung gewährleisten soll, wenn es weniger Arbeit gibt, halte ich persönlich dennoch für problematisch. Es gibt dabei viele ungeklärte Fragen, aber ein Argument halte ich für besonders ausschlaggebend: Erwerbsarbeit ist nach wie vor der Schlüssel zur sozialen Teilhabe, im materiellen Sinn wie im Hinblick auf das Selbstwertgefühl. Das sehe ich auch immer ganz deutlich, wenn ich beispielsweise auf eine Party eingeladen bin und dort jemandem vorgestellt werde – da lautet meist die erste Frage: Was machst du? In unserer Gesellschaft impliziert das: Was arbeitest du? Und nicht: Mit was beschäftigst du dich in deiner Freizeit? Die Persönlichkeit eines Menschen wird oft auch mit seiner Erwerbsarbeit gleichgesetzt. Man kann aus guten Gründen argumentieren, dass die Bedeutung des Berufes gerade in der mit protestantischem Leistungsethos getränkten deutschen Gesellschaft überbewertet ist. Aber sie lässt sich eben auch nicht so ohne Weiteres abschaffen, weil Erwerbsarbeit nach wie vor die wichtigste Quelle sozialer Anerkennung ist – unabhängig davon, ob man das nun gut findet oder nicht. Sollte das Arbeitsvolumen sinken, plädiere ich dafür, die Arbeitszeiten zu reduzieren. Wenn begleitend die Arbeitnehmer*innen an der Wertschöpfung beteiligt werden, wäre das ökonomisch machbar. Und kulturell spannend wäre zudem, was die Menschen mit ihrer zusätzlichen Zeit anfangen. Auf jeden Fall würde es viele entlasten, die mit Kindererziehung oder Pflege von Angehörigen – die sie zusätzlich zu ihrem Beruf leisten müssen – am Rande ihrer Leistungsfähigkeit agieren oder manchmal auch darüber hinaus.

Die digitale Transformation ist nicht nur ein essenzielles Thema der Ökonomie und der Arbeitswelt. Die Veränderungen auf einem anderen Feld sind mindestens ebenso weitreichend: Die Öffentlichkeitsstruktur, die Art und Weise, wie wir Informationen bekommen, uns eine Meinung bilden und debattieren, wie demokratische Entscheidungsprozesse ablaufen – all dies befindet sich längst in einem grundlegenden Umbruch. Ebenso wie beim Arbeitsmarkt gibt es keinen Automatismus, der besagt, dass digitale Technologien alles besser oder schlechter machen. Auch hier müssen wir mit kühlem Kopf analysieren, was für das Gemeinwohl gut ist und was nicht, um uns dann mit Mut und Tatkraft daranzumachen, die Vorteile zu nutzen und die Nachteile zurückzudrängen.

Was hat sich durch die digitalen Medien geändert? Während bei den traditionellen Medien die Redaktionen als »Gatekeeper« bestimmt haben, welche Nachrichten für die Empfänger*innen sichtbar sind und welche nicht, so sind bei den sozialen Medien potenziell alle Sender*innen und Empfänger*innen zugleich. Diejenigen, die in der alten Medienwelt den Stoff für die Nachrichten produziert haben, also Politiker*innen, Kulturschaffende, Sportler*innen und andere, tun dies heute noch genauso. Im Unterschied zu früher gibt es aber keine zwischengeschaltete Instanz – gegenwärtig können alle direkt und ungefiltert mit der Öffentlichkeit kommunizieren. Und das gilt für alle Bürger*innen, wenn auch meistens mit geringerer Reichweite. Die Freiheit, durch die sozialen Medien Produzent*in von Nachrichten zu sein und nicht auf die Rolle als Konsument*in reduziert zu werden, schafft indes auch Probleme. Und macht teilweise die Diskurse im Internet kaputt. Laut einer Forsa-Studie im Auftrag der Landesanstalt für Medien in NRW sind 2017 zwei Drittel aller

Internetnutzer*innen online mit Hate Speech in Berührung gekommen. Seit ich Politik mache, bekomme ich das täglich mit. Von »Geh sterben, du Schlampe!« bis hin zu genauen Erklärungen, wie ich vergewaltigt werden soll oder wie dumm ich doch sei, ist alles dabei. Am Anfang tat mir das noch richtig weh, jetzt werde ich erst richtig beunruhigt, wenn eine Morddrohung anhängt; der traurige Rekord waren mal zwei in einer Woche. Als ich Spitzenkandidatin im Bayerischen Landtagswahlkampf war, ging die Rate an Hate Speech noch mal richtig hoch. Egal was ich auf meinen Social-Media-Accounts gepostet habe – ob es ein inhaltliches Papier war, wie Bayern das erste gleichberechtigte Bundesland wird, ein Zeitungsartikel über eine Wahlkampfveranstaltung oder ein Foto vom Ammersee – sofort war die Hassarmee da. Wissenschaftler des britischen *Institute for Strategic Dialogue* (ISD) hatten zufällig zeitgleich die rechten Strukturen analysiert und herausgefunden, dass rechtsextreme Netzwerke gezielt probiert haben, Einfluss auf die bayerische Landtagswahl zu nehmen. »Let's find some dirt about Katharina Schulze!« inklusive Vergewaltigungsaufrufe wurden in den Foren zuhauf gepostet. Wir haben den Autor dieser Studie dann zu uns in den Landtag eingeladen, um uns über die internationalen Vernetzungen ein konkretes Bild zu machen. Das hat mich alles natürlich erst mal schockiert und dann – auch wenn das jetzt vielleicht etwas seltsam klingt – beruhigt. Weil es eben nicht der Herr Mayer oder der Herr Schmidt ist, der sich die Zeit nimmt, mich zu beschimpfen und zu bedrohen, sondern es gezielte Angriffe von internationalen Netzwerken sind. Durch die Studie hatte ich es jetzt endlich schwarz auf weiß.

Dass gehasst, beleidigt und diskriminiert wird, ja sogar offen zur Gewalt aufgerufen, ist kein neues Phänomen. Aber die Möglichkeit, alles auf Facebook und Twitter schnell an ein potenziell großes Publikum zu verbreiten, spornt manche anscheinend an: Die Trolle überbieten sich mit ihrem Hass. Das

Ziel von Hate Speech sind häufig Frauen und Mädchen, Homo- und Bisexuelle, und auch rassistische Äußerungen sind an der Tagesordnung. Selbst mir passiert so etwas, wie gerade erwähnt, regelmäßig – und ich bin keine Angela Merkel, keine Spitzenpolitikerin im Bundestag, ich hab keinen Personenschutz vom LKA (worüber ich sehr froh bin). Und diene trotzdem als Zielscheibe. Vor nicht allzu langer Zeit bekam ich sogar per SMS eine Morddrohung. Ich war gerade mit dem Fahrrad auf dem Nachhauseweg und stand an einer roten Ampel, als ich auf mein Handy guckte, weil eine SMS eingelaufen war. Nachdem es ewig dauerte, bis die Ampel umsprang, las ich die SMS, die ich sehr krass fand: »Katharina Schulze in drei Tagen bist du tot. Nach Lübcke bist du die Nächste!« Okay, dachte ich zynisch: Noch drei Tage bis Samstag – hoffentlich schaffe ich den Montag … Am nächsten Tag bin ich natürlich gleich zur Polizei gegangen und habe Anzeige erstattet.

Dabei wurde mir wieder klar, dass die Verfasser*innen von Hasskommentaren vor allem der Hass auf unsere liberale, vielfältige und tolerante Gesellschaft eint. Je lauter und aggressiver sie auftreten, so das Kalkül, umso mehr können sie andere Stimmen zum Schweigen bringen. Oft genug sind es nicht einmal reale Menschen, die hinter einem entsprechenden Account stehen, sondern Social Bots, die mit dem Ziel programmiert wurden, Stimmung zu machen. Ich habe mich oft gefragt, warum ist da so ein massiver Hass gegen mich als Person? Warum schreibt ein Typ, der auf seinem Facebookprofil mit zwei Töchtern im Arm posiert, dass ich eine dumme Schlampe bin? Ich glaube einfach, es verträgt sich nicht mit dem Weltbild der Rechten, dass es Frauen gibt, die klar und deutlich ihre Meinung vertreten. Und das Internet als teilanonymer Raum ist perfekt geeignet, damit diese Menschen anderen ihren Chauvinismus, Hass und Sexismus spüren lassen können. Wer besonders häufig Ziel solcher Angriffe wird, ist in der Versuchung zu resignieren. Warum soll man sich das alles anhören? Das ist menschlich nachvollziehbar, auch mir ging es manchmal schon so. Es ist nicht schön, wenn man morgens aufsteht, frühstückt, dann die E-Mails checkt – und das Erste, was ich sehe, ist eine Nachricht, in der ein Typ mir schreibt, wie ich vergewaltigt werden soll. Natürlich geht es mir nicht gut, wenn ich ständig lese: Du bist zu dumm, zu hässlich, zu dick, zu dünn, du gehörst weg. Das tut weh. Und gleichzeitig macht es mich sehr wütend. Niemand darf so mit mir oder mit jemand anderem umgehen. Ich habe als Frau genauso das Recht, Politik zu machen. Und ich finde es schlimm, wenn Resignation einsetzt und man denkt, man müsste so etwas aushalten. Nein! Muss man nicht. Muss ich nicht. Und muss auch sonst niemand aushalten. Deswegen: Ich werde mich nicht einschüchtern lassen und weiterhin die Werte, die ich wichtig finde, nach außen tragen. Dass ich als junge Frau in Führungsverantwortung bin und unsere Partei so erfolgreich ist, ist für viele eine Provokation. Da kann ich aber nur sagen: Gewöhnt euch dran!

Und aus all diesen Gründen ist es falsch, das Netz und die sozialen Netzwerke denen zu überlassen, die eine andere Gesellschaft haben wollen. Vielmehr müssen wir demokratische und zivilisatorische Standards im Netz durchsetzen und diejenigen in die Schranken weisen, die genau diese Standards bekämpfen. Das Netz als Medium des Diskurses in einer freiheitlich-demokratischen Gesellschaft ist zu wertvoll, um es den Hatern und Krakeelern zu überlassen. Die einzelnen User*innen sind damit logischerweise überfordert. Auch eine Selbstregulierung der Nutzer*innen wird das Problem nicht lösen. Zwar macht es Sinn nach dem Motto »Don't feed the trolls« zu agieren und Hass-Posts zu ignorieren, anstatt sie mit nachvollziehbarer Empörung weiterzuverbreiten. Aber das toxische Klima in Teilen des Netzes werden wir dadurch nicht zurückdrängen können. Hier hilft nur eine langfristige und abgestimmte Strategie, die sich eines Mix an Maßnahmen bedient. Die Bildungseinrichtungen, der Gesetzgeber, die Justiz und die beteiligten Unternehmen müssen dafür zusammenarbeiten und sich ihrer Verantwortung stellen, anstatt sie abzuschieben. Eine einfache, aber wirksame Maßnahme wäre etwa, Social Bots zu kennzeichnen: Wenn ich weiß, dass ein herabwürdigender Post von einer Maschine stammt und nicht von einem Menschen, beachte ich ihn weniger. Ganz entscheidend ist es aber, dass wir Rechtsbruch nicht einfach geschehen lassen, sondern ihn ahnden. Am Anfang meiner politischen Karriere habe ich die ganzen Hasskommentare und Morddrohungen einfach nur gelöscht – ach, weg mit dir, hab ich mir gedacht –, aber so tauchen diese Rechtsbrüche nie in der Statistik auf, und es kann nichts dagegen unternommen werden. Daher habe ich meine Strategie geändert und zeige alles an, selbst wenn das viel Zeit kostet. Ich muss erst mal zur Polizei gehen, es muss ein Screenshot erstellt werden etc. Nun bin ich in der glücklichen Situation, dass einen Teil dieser Arbeit mein Büroteam übernehmen kann. Ich weiß, dass ich mich damit in einer privilegierten Situation befinde und es ganz viele Menschen gibt, die ebenfalls ständig dem Hass im Netz ausgesetzt sind und diese Unterstützung nicht haben. Deswegen braucht es dringend Beratungsstellen für Opfer und endlich in ganz Deutschland die Möglichkeit, online Strafanzeige bei der Polizei zu stellen. In Bayern gibt es so eine virtuelle Polizeiwache immer noch nicht, das ist echt peinlich!

Auch wenn im Meinungsstreit der Ton mal etwas rauer und leidenschaftlicher werden darf, so rechtfertigt das Aufrufe zur Körperverletzung, Vergewaltigung und zum Mord noch lange nicht. Das sind klare Straftaten. Wenn jemand per Flugblatt zu einer Straftat aufruft, wird das verfolgt. Wenn es über Facebook passiert, muss das ebenso die Regel werden. Leider sind die Strafverfolgungsbehörden derzeit nicht so aufgestellt, als dass dies selbstverständlich wäre. Von den Straftaten, die ich beispielsweise anzeige, wird nur in etwa zehn Prozent der Fälle ein Täter ermittelt. Je nach Schwere der Tat fallen die Strafen dementsprechend aus: Einer musste mir zum Beispiel mal eine Entschuldigung schreiben, ein anderer 1000 Euro an eine zivilgesellschaftliche Organisation spenden, die ich aussuchen durfte. Im Hinblick auf die Aufklärung der Straftaten müssen wir also unter allen Umständen nachlegen – besonders auch in puncto gezielter Versuche, das Meinungsklima durch Trollarmeen mit staatlichem Auftrag zu beeinflussen, wie das offenbar aus Russland immer wieder versucht wird. Facebook, Twitter, YouTube und Co. sind hier ebenfalls in der Pflicht. Es kann nicht sein, dass sie einerseits Milliarden verdienen, sich aber einen schlanken Fuß machen, wenn es darum geht, was auf ihren Plattformen gepostet wird. Dazu brauchen sie klare Vorgaben, damit nicht durch Overblocking zwar der Hass zurückgedrängt wird, die Meinungsfreiheit aber ebenfalls.

Das schillerndste Kapitel der digitalen Transformation ist das Thema Künstliche Intelligenz (KI). Viele Ängste und so manche Hoffnungen verbinden sich damit. Wie realistisch sie sind, bleibt abzuwarten. Dass uns eine KI eines Tages beherrscht und die Menschheit versklavt, an diese Dystopie aus Hollywood glaube ich ebenso wenig wie an die Utopie, dass uns die KI im marxschen Sinne aus dem Reich der Notwendigkeit katapultiert.[26] Die wirklichen Fragen sind weniger spektakulär, dafür aber umso relevanter. Algorithmen, die automatisiert Entscheidungen treffen, begleiten uns tagtäglich, und oft merken wir gar nichts davon. Wir denken, ein Mensch aus Fleisch und Blut beurteilt unsere Bewerbungsunterlagen, bearbeitet den Antrag auf einen Kredit oder eine Versicherungsleistung … Tatsächlich ist es aber eine Maschine, die – anders als viele glauben – weder neutral noch objektiv vorgeht. Häufig werden die Algorithmen mit Daten der Vergangenheit geschrieben, gefüttert und trainiert, in der die Diskriminierung von Frauen und Minderheiten stattgefunden hat. Die Maschine kann nur solche Möglichkeiten berücksichtigen, die ihr von einer Programmierer*in in den Code geschrieben wurde. Und sie lernt ausschließlich anhand der Daten, die ihr zur Verfügung stehen und zwangsläufig immer nur ein verzerrtes Abbild der Wirklichkeit sein können. Das schafft ein hohes Potenzial für Diskriminierung und kann unsere Freiheit einschränken.

Wer in einer sozial weniger gut gestellten Nachbarschaft wohnt, bekommt womöglich die schlechteren Konditionen bei einem Bankkredit. Und die junge Frau wird erst gar nicht zum Vorstellungsgespräch eingeladen, da sie in zwei Jahren 31 Jahre alt ist und bald Mutter werden könnte. Ali Chan wiederum bekommt keinen Kredit, weil sein Name in der Vergangenheit ein erhöhtes Kreditrisiko bedeutet hat. Eine fehlerhafte Gesichtserkennung, die umstrittenen Upload-Filter oder die vorhersagende Polizeiarbeit sind weitere Beispiele, bei denen Freiheitsrechte durch KI beschnitten werden können.[27] Es gibt aber auch Vorzüge von KI gerade in Verbindung mit dem Staat: Die Aufklärung von Steuerbetrug, die aktuell manuell und durch Stichproben läuft, wird weniger mühsam und effizienter. Verkehrsströme beispielsweise klug zu steuern, könnten dann auch die Kommunen übernehmen. Es lohnt sich also, gut zu überlegen, wie KI unserem Staat helfen kann, modern und digital zu werden – und die Akzeptanz von öffentlichen Institutionen wieder zu erhöhen.

Je mehr wir mit automatisierter Entscheidungsfindung konfrontiert sind, umso dringender ist ein Regelwerk dafür vonnöten. Das fängt damit an, dass Transparenz das Gebot der Stunde ist: Wo wird KI eingesetzt? Nach welchen Kriterien urteilt sie? Und sollte meiner Meinung nach auch in einen Ethikkodex für Algorithmen[28] münden, der zumindest in Teilen gesetzlich verankert ist. Eine klare Regelung, was zulässig ist und was nicht, schafft Vertrauen in diese Technologie, vor der sich viele Menschen ängstigen. Sie schafft die Basis dafür, dass Algorithmen dem Gemeinwohl dienen und nicht unsere Freiheit einschränken. Nur auf dieser Grundlage wird es eine breite gesellschaftliche Akzeptanz geben.

Digitale Technologien brauchen Daten. Ohne Daten funktioniert kein digitales Geschäftsmodell. Die entscheidenden Fragen sind dabei: Woher kommen die Daten? Wem gehören Sie? Wer hat darauf Zugriff? Und wie werden sie verwendet? Neben der Nutzung geht es natürlich auch um den Schutz von Daten: Ich selbst sichere meine Daten immer mit einer Zweifach-Zertifizierung und bespiele meine einzelnen Social-Media-Plattformen mit von mir ausgewählten Inhalten. Dass dies ein Transportweg meiner Arbeit ist – dafür habe ich mich bewusst entschieden. Ich muss ja dort zur Stelle sein, wo sich die Bürger*innen befinden, sonst bekomme ich als Politikerin nichts mit. Von daher wäre es keine Alternative, mich gar nicht digital zu beteiligen. Umso dringender müssen aber Datenschutz und Datensouveränität für alle garantiert sowie die digitalen Riesenplattformen in die Pflicht genommen werden – das muss die Politik leisten.

Die allermeisten Daten hinterlassen wir freiwillig, indem wir im Netz surfen, mit anderen in Kontakt treten, unsere Meinung äußern, Posts liken oder teilen und Produkte ansehen oder kaufen. Aus alledem lässt sich ein persönliches Profil von uns erstellen. Dass ich zum Beispiel dauernd Werbung für Sommerkleider eingeblendet bekomme, weil ich schon ein paarmal danach gegoogelt habe oder öfter auf diesen Seiten unterwegs bin, ist lästig, aber nicht weiter problematisch. Wie brisant es werden kann, wenn Daten nahezu unbegrenzt gesammelt und aufgearbeitet werden, zeigt der Fall Cambridge Analytica.[29] Das Unternehmen, gegründet von Steve Bannon und Robert Mercer, einem rechten Ideologen und einem Hedgefondsmanager, der einer der wichtigsten Unterstützer von Donald Trump ist, hat Daten von Facebook verwendet, um gezielt Menschen bei ihrer Wahlentscheidung und beim Brexit-Referendum zu beeinflussen. Cambridge Analytica hat aus den Posts die Vorlieben, Neigungen und Präferenzen der Nutzer*innen analysiert und konnte sie dadurch sehr effizient ansprechen. Wer dazugehörte, dessen Privatsphäre wurde komplett durchleuchtet, ohne dass er oder sie etwas davon mitbekommen hat. Facebook selbst hat bei der Sicherung seiner Daten dramatisch versagt. Nach deutschem Recht ist das ein klarer Verstoß gegen die Gesetze. Denn das Bundesverfassungsgericht hat bereits vor über 25 Jahren in seinem Urteil über die Rechtmäßigkeit der Volkszählung klargestellt:

»1. Unter den Bedingungen der modernen Datenverarbeitung wird der Schutz des Einzelnen gegen unbegrenzte Erhebung, Speicherung, Verwendung und Weitergabe seiner persönlichen Daten von dem allgemeinen Persönlichkeitsrecht des GG Art 2 Abs. 1 in Verbindung mit GG Art. 1 Abs. 1 umfasst. Das Grundrecht gewährleistet insoweit die Befugnis des Einzelnen, grundsätzlich selbst über die Preisgabe und Verwendung seiner persönlichen Daten zu bestimmen.

2. Einschränkungen dieses Rechts auf »informationelle Selbstbestimmung« sind nur im überwiegenden Allgemeininteresse zulässig. Sie bedürfen einer verfassungsgemäßen gesetzlichen Grundlage, die dem rechtsstaatlichen Gebot der Normenklarheit entsprechen muss. Bei seinen Regelungen hat der Gesetzgeber ferner den Grundsatz der Verhältnismäßigkeit zu beachten. Auch hat er organisatorische und verfahrensrechtliche Vorkehrungen zu treffen, welche der Gefahr einer Verletzung des Persönlichkeitsrechts entgegenwirken.«[30]

Das ist nun das schiere Gegenteil dessen, was Tag für Tag geschieht. Die europäische Datenschutzgrundverordnung ist ein wichtiger Schritt, um die Diskrepanz zwischen Sein und Sollen beim Datenschutz zu verkleinern. Das sollte man sich immer wieder dann vor Augen führen, wenn man sich an dieser Stelle mal wieder über zu viel »Bürokratie« ärgert. Weitere Regelungen müssen folgen, damit das Recht auf informationelle Selbstbestimmung ganz selbstverständlich Teil unseres Alltags wird. In einer digitalen Gesellschaft funktioniert ohne Daten eben nichts. Nur wer auf große Datenbestände zurückgreifen kann, ist in der Lage, funktionierende Algorithmen zu entwickeln, sei es für das autonome Fahren, für Beratung und Service oder auch für medizinische Dienstleistungen. Firmen wie Google oder Amazon sitzen auf Unmengen von Datenmaterial, das sie über Suchanfragen oder Einkäufe ihrer Nutzer*innen generieren. Auch die Krankenkassen, die Steuerverwaltung oder die Rentenversicherung verfügen über sehr große Datenbestände. Deshalb finde ich, wir sollten ernsthaft darüber diskutieren, ob und wie wir diese Datenbestände – selbstverständlich anonym – frei zur Verfügung stellen. Für viele Gründer*innen würde das wie ein Konjunkturprogramm wirken.

Digitale Technologien gelten als saubere Technologien. Dem ist aber nicht zwangsläufig so. Der Anteil der Klimagase, der durch die Herstellung und Nutzung digitaler Technologie emittiert wird, könnte in wenigen Jahren auf rund acht Prozent steigen.[31] Grund dafür ist sowohl der steigende Energieverbrauch durch Nutzung der digitalen Infrastruktur samt Endgeräten als auch die Herstellung und die kurzen Nutzungszyklen von Smartphones, Tablets und Co. Alle zwei Jahre ein neues Smartphone – das kostet eine Menge Energie und Rohstoffe bei der Herstellung. Vor allem der Videokonsum treibt den Datenverkehr: Mehr als die Hälfte davon geht auf Videos zurück, die über das Netz verbreitet und angesehen werden.[32] Dennoch können digitale Technologien mithelfen, das Klima zu schützen. Dafür sind jedoch Standards hinsichtlich des Kohlendioxidverbrauchs von Servern, Netzwerken sowie dem Betrieb und der Herstellung von Endgeräten nötig. Sparsamere Geräte und die Nutzung erneuerbarer Energien können hier einiges bewirken. Digitale Technologien können aber vor allem in anderen Bereichen Prozesse und Abläufe so optimieren, dass Ressourcen effizienter genutzt werden. Dazu hat der Wissenschaftliche Beirat der Bundesregierung Globale Umweltveränderungen Empfehlungen abgegeben. In seinem Gutachten *Unsere gemeinsame digitale Zukunft* hat er 2019 konkrete Vorschläge gemacht, wo digitale Technologien der Umwelt helfen können. Sie reichen vom Smart Farming, bei dem Dünger und Pestizide viel dosierter und sparsamer verwendet werden, über die intelligente Nutzung der Stromnetze, um Angebot und Verbrauch besser abzustimmen, bis hin zu Plattformen, mit denen die gemeinsame Verwendung der Konsumgüter organisiert werden kann, wie das beim Car- und Ridesharing schon praktiziert wird. Ziel sollte es sein, die digitale Transformation zu einem Verbündeten des Klima- und Naturschutzes zu machen.

Ob uns die digitale Transformation mehr oder weniger Freiheit bringt, hängt für meine Begriffe davon ab, was wir politisch entscheiden. Ich bin immer für eine optimistische Sicht der Dinge. Allerdings ist Optimismus etwas anderes als Naivität. Optimismus ist die Faktenkenntnis plus der Wille, Dinge zum Guten zu verändern – er setzt kritisches Denken voraus, während Naivität dieses kritische Denken unterlässt. Es gibt weder einen Grund, ob der digitalen Transformation in eine kulturpessimistische Schockstarre zu verfallen und jedes Smartphone zu verteufeln, noch einen, den Heilsversprechen aus dem Silicon Valley hinterherzulaufen. Denn indem man dort so tut, als werde durch digitale Technologien alles wie von selbst gut, steckt dahinter in Wirklichkeit wohl eher die Angst vor Regulierung. Die könnte nämlich zu einer Zerschlagung eines Unternehmens führen, weil die marktbeherrschende Stellung zu deutlich wird. Es kommt darauf an, das Primat der Politik gegenüber wirtschaftlichen Einzelinteressen durchzusetzen, mögen sie auch noch so prominent sein.

Was am Ende zählt, ist das Gemeinwohl. Und das ist eben nicht identisch mit den Unternehmenszielen von Facebook, Google, Amazon und Co. Darum auch hier noch mal mein Plädoyer: Die Politik ist dringend gefragt, die Rahmenbedingungen so zu setzen, dass alle Menschen die Chancen der Digitalisierung sicher nutzen können.

Wohlstand fällt nicht vom Himmel

Die Wirtschaft ist per se böse – diese Meinung teile ich nicht. Die meisten Grünen übrigens auch nicht. Früher hat man uns das ja gern unterstellt. Das ist aber Quatsch. Ich sehe die Wirtschaft als Partner beim ökologischen und gesellschaftlichen Wandel. Wirtschaftspolitik ist für mich schon immer wichtig, weil sie die Basis für unseren Wohlstand ist. Ich trete oft bei Wirtschaftsverbänden auf und halte Reden, diskutiere mit dem Verband der Freien Berufe, treffe junge Gründer und erlebe immer eine hohe Aufgeschlossenheit – auch und gerade von den Wirtschaftsakteuren, die Gesellschaft mitzugestalten. Vom großen Konzernboss bis hin zum Start-upper: Hier bewegt sich einiges, und da machen sich auch viele sinnvolle Gedanken. Das sieht man schon allein daran, dass zahlreiche Wirtschaftsverbände einen höheren Kohlendioxidpreis einfordern. Was ja im ersten Moment fast absurd erscheint. Aber letztlich aufzeigt, was viele erkannt haben: Wertschöpfung muss man so gestalten, dass die ökologischen Lebensbedingungen – etwa das Klima und die Artenvielfalt – für die nachfolgenden Generationen intakt bleiben. Wir können unseren Wohlstand nur so erwirtschaften, dass wir den Ast, auf dem wir alle sitzen, nicht absägen. Und wir können nur das verteilen, was vorher erwirtschaftet wurde. Diese beiden Grundsätze sind so banal wie richtig.

Was folgt nun daraus, für die sich stark verändernde Welt

von heute? Einfach nur zu sagen, wir senken die Steuern und bauen ordnungspolitische Auflagen ab, dann wird es schon werden mit dem Erwirtschaften – das hat sich in der Vergangenheit zu oft als trügerisch erwiesen. Es erhöht das Gemeinwohl nun mal nicht, wenn Arbeitnehmer*innen weniger mitbestimmen können, gering verdienen oder unter schlechten Arbeitsbedingungen leiden. Ebenso tun wir uns keinen Gefallen, wenn wir Umweltstandards unter dem Deckmantel des Bürokratieabbaus senken, um ein paar Euro zu sparen. Und ja, natürlich ist der Markt das grundsätzliche Ordnungsprinzip unseres Wirtschaftssystems. Er ist sogar ein ziemlich genialer Mechanismus, der Arbeit, Investitionen und Wertschöpfung effizient organisiert, technische Innovation und gesellschaftlichen Fortschritt ermöglicht und die Lebensqualität vieler Menschen hierzulande, aber auch in den Entwicklungsländern, enorm verbessert hat. Dieser Markt benötigt jedoch einen Rahmen, damit er dem Ziel dienen kann, Wohlstand und Lebensqualität für alle zu schaffen. Das geschieht allerdings nicht von allein, dafür müssen wir die Werte definieren. Ich denke da an Werte wie Nachhaltigkeit, selbstbestimmte Arbeit, an Innovation, eine starke Infrastruktur und an die Gerechtigkeit unseres Steuersystems.

Der technologische Fortschritt und die globale Konkurrenz setzen uns ebenfalls Rahmenbedingungen, die wir berücksichtigen müssen. Durch die Automatisierung in der Industrie wurde manuelle Arbeit in großem Stil durch Maschinen ersetzt. Ein Trend, der durch die digitale Transformation mehr und mehr auf den Dienstleistungssektor übergreift. Standardisierbare Tätigkeiten werden ebenfalls verstärkt durch Maschinen anstatt durch Menschen erledigt – entweder vollständig oder in Form von digitalen Assistenzsystemen. Das betrifft nicht nur einfache Arbeiten, für die keine größere Qualifikation nötig ist, sondern zunehmend auch komplexere Tätigkeiten, wie etwa die Finanzdienstleistungen oder juristische Beratung. Länder wie China sind längst nicht mehr nur eine verlängerte Werkbank, sondern konkurrieren mit deutschen und europäischen Firmen auf dem Feld der Hochtechnologie.

Was bedeutet das für die Sicherung unserer materiellen Lebensgrundlagen oder anders gefragt: Wovon wollen und können wir in Zukunft leben? Die Antwort ist sehr vielschichtig und komplex, deshalb will ich einige, aus meiner Sicht zentrale Aspekte herausgreifen: den Wert der Nachhaltigkeit, die für die Zukunft wichtigsten Branchen und Schlüsseltechnologien, die Qualifikation der Arbeitnehmer*innen, die steuerpolitischen Rahmenbedingungen und – das mag in diesem Zusammenhang vielleicht ungewohnt klingen – die Sinnhaftigkeit dessen, was wir tun und herstellen.

Wir erleben derzeit, dass immer mehr Menschen ein Bewusstsein dafür entwickeln, welche Bedeutung die natürlichen Lebensgrundlagen für unsere Existenz haben und wie sehr diese Grundlagen durch die Art und Weise, wie wir wirtschaften und leben, gefährdet sind. Egal ob ich mit *Fridays for Future*-Aktivist*innen spreche oder beim *Grünen Wirtschaftsdialog*. Fast ein jeder macht sich darüber Gedanken. »Ohne Umwelt ist alles nichts!« – diese Worte schmetterte mir erst vor Kurzem ein Unternehmer entgegen, der sich drangemacht hat, den Carbon Footprint seines Unternehmens zu messen und dagegen zu steuern. Man muss auch keine Prophet*in sein, um zu erkennen, dass in der ökologischen Notwendigkeit eine große ökonomische Chance liegt. »Mit grünen Ideen schwarze Zahlen schreiben« – ein Satz, der jedes Grüne Mitglied schon tausendmal gehört hat, der aber immer noch stimmt. Denn gut zu unserem Planeten zu sein kann sich auch ökonomisch auszahlen. Das zeigt zum Beispiel die Branche der erneuerbaren Energien, in der heute schon mehr Menschen arbeiten als in der gesamten Kohleindustrie. Und die Herausforderung gut meistern, Strom,

Wärme und Energie für eine Mobilität ohne Klimabelastung zu erzeugen sowie Lebensmittel und Güter so herzustellen, dass Ressourcen und Ökosysteme geschont werden.

Im Jahr 2018 hat Deutschland Rohöl im Wert von 38,5 Milliarden Euro und Erdgas im Wert von 23,7 Milliarden Euro importiert. Das sind Kosten in Höhe von über 60 Milliarden Euro[33] für Energieträger, die zum einen Klima sowie Atemluft belasten und zum anderen größtenteils an zweifelhafte Oligarchen und Regierungen fließen wie etwa nach Russland und Saudi-Arabien. Die Verdienste aus dem Öl- und Gasgeschäft ermöglichen es ihnen, die eigene Bevölkerung zu unterdrücken, andere Länder mit Krieg zu überziehen oder den Terrorismus zu finanzieren. Angesichts von zwei sehr wichtigen Zielen – Klimaschutz und internationale Sicherheit – ist es unverständlich, warum es bislang keine wirkliche Strategie gibt, um die Importe langfristig durch heimische Quellen zu ersetzen, die umweltfreundlich sind und auf Wertschöpfung im eigenen Land oder bei den europäischen Nachbarn setzt. Als Innenpolitikerin, der die Sicherheit aller Menschen am Herzen liegt, und als Umweltschützerin verstehe ich diese Prioritätensetzung nicht und halte sie zudem für grundfalsch. Etwas zugespitzt formuliert: Wir diskutieren jahrelang über jedes einzelne Windrad oder über jeden Kilometer Stromleitung, nehmen aber in Kauf, dass unser Klima zerstört wird. Oder dass mit dem Geld, das wir für Öl und Gas überweisen, Menschen unterdrückt oder getötet werden. Wir einigen uns nicht, ob der Bund oder die Länder die Kosten dafür tragen, wenn bessere Wärmedämmung von Gebäuden steuerlich geltend gemacht werden kann. Damit könnte eine enorme Menge Energie eingespart, das Klima geschützt und das lokale Handwerk gestärkt werden.

Oder: Wir geben immer noch eine Menge Geld für neue Straßen und Autobahnen aus, schaffen es aber nicht, einen attraktiven und leistungsfähigen öffentlichen Verkehr im ganzen Land aufzubauen oder eine gute Infrastruktur für das Fahrrad zu etablieren. Vor allem in den größeren Städten, wo der Platz knapp ist und die Entfernungen relativ kurz. Ein höherer Anteil des Radverkehrs würde unsere Städte so viel lebenswerter machen und die Luft besser – ganz zu schweigen von der Gesundheit. Dennoch habe ich manchmal den Eindruck, jeder Parkplatz oder jede Fahrspur, die zugunsten von Bus oder Fahrrad wegfällt, bringt uns in den Augen mancher Menschen ein Stück näher an den Untergang des Abendlandes. Städte wie Kopenhagen machen uns längst vor, dass es anders und besser geht. Dort gibt es ein dichtes Netz an komfortablen Radwegen, es existieren Radschnellwege und ausreichend Abstellplätze. Die Folge: Es nutzen viel mehr Menschen als bei uns das Fahrrad, weil es sicherer und schneller geht. Ich erinnere mich noch sehr gut, als ich als Münchner Parteivorsitzende in den Verhandlungen nach der Kommunalwahl 2014 saß und wir uns im endlosen Ringen um 600 Meter (!) der Rosenheimer Straße in München befanden. Auf der viel befahrenen Einfallstraße gab es nämlich bisher keinen Fahrradweg. Die Lösung wäre einfach gewesen: Entweder die Parkplätze auflösen oder jeweils eine der vier Autospuren für die Radler*innen öffnen. »Geht nicht!«, »Kein Platz!«, »Die Autos haben ein Recht zu fahren!« – die Liste der Argumente gegen sichere Radinfrastruktur war endlos. Falls sich der ein oder andere Leser*in jetzt denkt: Hui, das ist aber alles kleinteilig, dem kann ich nur sagen: Herzlich willkommen in der Politik. Das ist bezeichnend und mein täglich Brot – hier wird buchstäblich um jeden Zentimeter gerungen! Am Ende entschloss sich jedenfalls die SPD, zusammen mit der CSU zu regieren – und seitdem stockt der Ausbau der Radinfrastruktur. Jetzt nehmen, wie in so vielen Städten wie Bamberg, Frankfurt oder Stuttgart, die Bürger*innen das Thema selbst in die Hand und starten Radentscheide. Die Städte könnten nämlich auch ganz anders aussehen: mehr

Platz zum Spielen und Toben, zum Sitzen und Entspannen, mehr Grün, weniger Staus und Abgase. Vor allem aber ein sicheres und schnelles Vorankommen durch mehr Platz fürs Rad oder Fußgänger*innen.

Wir können Erdöl und Erdgas durch intelligente Lösungen und Innovationsbereitschaft ersetzen – wenn es denn endlich Konsens wird, Dinge anders zu organisieren als bislang. Damit tun sich auch viele neue Geschäftsmodelle auf, die nur darauf warten, erschlossen zu werden. Und dafür brauchen wir ein Klima der Erneuerung. Übrigens sind es gerade Grüne und Umweltschützer*innen, die Innovationen voranbringen und für Fortschritt sorgen wollen. In der heißen Phase unseres Landtagswahlkampfes 2018 – etwa in den letzten fünf Wochen – hatte ich beispielsweise ein eigenes E-Auto samt Fahrer (das hört sich jetzt sehr luxuriös an, war aber immer der Praktikant unserer Geschäftsstelle, der uns sicher durch die Nacht von Termin zu Termin brachte). Bis zu diesem Zeitpunkt fuhr ich immer alles mit der Bahn, auf den letzten Stationen des Wahlkampfes war das aber nicht mehr praktikabel. Für mein Team und mich war das alles sehr aufregend: Wir mussten mit verschiedenen Ladekabeln sowie Ladesäulen hantieren, und es gab natürlich auch – wie sollte es anders sein – ein paar brenzlige Situationen. Eines Abends, wir kamen sehr spät von einem Termin, hatten wir fast keinen Akku mehr und fuhren die nächste angezeigte Ladesäule an. Nur leider befand die sich hinter einem Tor, das abgesperrt war. Okay, dachten wir uns, dann fahren wir halt zur nächsten … da war der Akku jedoch schon sehr, sehr schwach. Ein paar Umleitungen wegen Straßenbauarbeiten führten dazu, dass der Fahrer sogar kurz mit dem Gedanken spielte, das Radio auszumachen, um Strom zu sparen. Als ihm aber bewusst wurde, dass wir dann einfach selbst singen würden, ließ er es doch lieber an – und wir rollten mit dem allerletzten »Tropfen« E-Strom gegen Mitternacht in der nächsten E-Lade-

Tankstelle ein. Die war sogar richtig luxuriös, es gab neben Strom für das Auto auch Eis und Spezi für uns. Und so warteten wir eine halbe Stunde, bis unser Fahrzeug wieder funktionstüchtig war. Das war auch gut so, ansonsten wären wir mitten im Nirgendwo gestrandet, und ich hätte am nächsten Morgen meinen Wahlkampftermin verpasst. Mein Learning daraus: Es funktioniert schon – du brauchst halt die richtige Infrastruktur dafür.

Ob die Autos der Zukunft nun batterieelektrisch fahren, durch eine Brennstoffzelle angetrieben werden oder aber sich beide Technologien in jeweiligen Nischen parallel durchsetzen, ist noch nicht ausgemacht. Klar ist aber, dass die Fertigung von Batteriezellen eine der wichtigsten Branchen für die kommenden Jahrzehnte sein wird. Sei es in Fahrzeugen wie Autos, Lkw, Schiffen, Scootern und E-Bikes, in mobilen Geräten wie Telefonen, Tablets und Laptops oder auch im stationären Einsatz, um das Stromnetz zu stabilisieren – ohne Batterien läuft in Zukunft wenig. Allerdings sitzen fast alle großen Hersteller in Asien. Haben wir als Europäer*innen die Entwicklung bereits verschlafen? Die europäischen Unternehmen sind entweder zu klein oder scheuen das unternehmerische Risiko, in großem Stil in die Batterieproduktion einzusteigen. Ich bin deshalb der Meinung, dass es Aufgabe der EU mit Unterstützung von Deutschland und Frankreich wäre, die Initiative für ein groß angelegtes Projekt zur Entwicklung und Fertigung von Batteriezellen in Europa zu ergreifen. Das wäre doch mal ein schönes europäisches Projekt – lasst uns endlich mal wieder gemeinsam Industriepolitik machen! Statt auf nationaler Ebene, wie wir es leider gerade denken (was angesichts der Größe und Geschwindigkeit von China viel zu klein ist), sollten wir auf ein europäisches Konsortium mit der nötigen staatlichen Unterstützung und ausreichender europäischer Kapitalausstattung setzen, damit die europäische Wirtschaft auf diesem wichtigen Feld im Rennen bleibt. Auch für die erneuerbaren Energien müsste das übrigens erwogen werden, denn Solarzellen und Windräder sind strategisch ebenso bedeutsam.

Auch auf einem weiteren bedeutsamen Feld droht Europa in die Zuschauerrolle gedrängt zu werden: bei der künstlichen Intelligenz. Während sich auf der einen Seite finanzstarke US-Firmen wie Google, Facebook oder Amazon (mit enormen Datenbeständen) und auf der anderen Seite chinesische Akteure (mit riesigem Binnenmarkt und strategisch denkender Regierung im Rücken) um die Führungsrolle streiten, droht Europa in der Kleinstaaterei zu versinken. Dabei wäre es gerade für Europa ein lohnendes Projekt, sein Know-how zu bündeln und wertebasierte Systeme künstlicher Intelligenz zu entwickeln, die im Dienste der Menschen stehen. Eben weil sie auch ethischen Grundsätzen folgen, nicht nur der Gewinnmaximierung. Und weil sie nicht als Werkzeuge staatlicher Überwachung dienen, wie dies in China zunehmend der Fall ist. Warum arbeitet denn jeder Nationalstaat in Europa an der eigenen KI-Strategie? Warum bündeln wir das nicht zu einer gesamteuropäischen KI-Strategie? Die KI-Systeme brauchen wir in Zukunft nicht nur, um Routinetätigkeiten durch Maschinen ausführen zu lassen oder für unsere eigene Bequemlichkeit. Sie können in Form von intelligenter Verkehrssteuerung oder Energieerzeugung für den Klimaschutz wichtig werden. Auch in der Landwirtschaft kann die KI wertvolle Dienste leisten: Man denke nur an eine zielgenaue Bewässerung in trockenen Sommern oder autonome Roboter, die Beikraut auf den Feldern entfernen – KI statt Glyphosat sozusagen. Und warum digitalisieren wir nicht endlich unsere Krankenakten? Gerade im Bereich der Diagnostik kann KI große Fortschritte bringen. Selbst die erfahrenste Spezialistin ist nicht in der Lage, Hunderttausende Diagnosen und Krankheitsverläufe zu analysieren. Mit der Assistenz von entsprechenden KI-Systemen hätte sie jedoch ein mächtiges Werkzeug an der Hand, um gezieltere Therapien einzuleiten – vorausgesetzt, der Zugriff auf die (anonymisierten) Datenbestände wäre möglich. Solange wir alles auf Karteikarten schreiben, funktioniert das nicht.

Die Antwort auf die eingangs gestellte Frage, wie wir unsere Wertschöpfung gestalten beziehungsweise wovon wir in Zukunft leben wollen, erschöpft sich aber nicht nur in der Technologie. Selbst wenn Assistenzroboter in der Pflege unterstützen, die Telemedizin einen Teil der Arztbesuche überflüssig macht oder eine Lernsoftware die individuelle teilweise Förderung übernimmt. Die Pflege von Alten und Kranken, eine gute Gesundheitsversorgung im ganzen Land, die Kindererziehung sowie die Bildung im Sinne lebenslangen Lernens können zwar von dieser Technologie unterstützt werden, aber die Verantwortung dafür liegt weiterhin beim Menschen, und das ist gut so. Weniger gut ist jedoch, dass wir nicht genug Erzieher*innen, Lehrer*innen, Alten- und Krankenpfleger*innen haben. Angesichts der Tatsache, wie wichtig Erziehung, Bildung und Pflege für ein gutes und selbstbestimmtes Leben sind, müssen wir dringend diese Berufe attraktiver machen, damit sich mehr Menschen dafür entscheiden. Diesen Satz sagt jeder Politiker und jede Politikerin – ich kann es schon selbst gar nicht mehr hören. Denn für mich ist das Thema ein Synonym für das, was in der deutschen Politik falsch läuft. Der Großen Koalition, die nun mal im Moment noch regiert, ist das Problem durchaus bekannt. Sie sagen ja, sie wollen es lösen. Dafür sitzen sie auch an der richtigen Stelle. Doch es passiert: nichts. Das ist für mich schon unglaublich frustrierend. Wie ist es dann wohl erst für die Menschen, die in den Branchen arbeiten?

Ich habe mich nach einer Veranstaltung in Höchstadt länger mit einer Krankenpflegerin unterhalten. Sie brennt für ihren Beruf, sie liebt ihn, und gleichzeitig ist sie verzweifelt. Weil sie sich um ihre Patient*innen nicht mit der Hingabe kümmern kann, die sie verdienen – es sind schlichtweg zu viele. Wie sie unbezahlt früher kommt und später geht, um wenigstens das Nötigste zu schaffen. Und das macht mich wütend. Das macht mich wütend, denn ich möchte, dass die Leistungsträger*innen unserer Gesellschaft und die vielen Menschen, die dringend Hilfe brauchen, menschenwürdig behandelt werden. Ich möchte, dass die Menschen, die das professionell und mit Leidenschaft tun, unter angemessenen Bedingungen arbeiten. Dafür muss was getan werden: Es beginnt bei den Arbeitszeiten und der Bezahlung, die wesentlich besser werden muss. Es ist für mich nicht nachzuvollziehen, warum eine Erzieher*in in der Kita so viel weniger verdient als jemand, der bei Audi oder BMW Sitze und Lenkräder montiert. Ein erster Schritt wäre, das Schulgeld überall abzuschaffen, das es beispielsweise für die Ausbildung in der Altenpflege oder für Physiotherapeut*innen immer noch gibt. Aber es geht auch um die Anerkennung als professionelle Tätigkeit. Erzieher*in zu sein bedeutet weit mehr, als die Kinder beim Spielen zu beaufsichtigen; eine Altenpfleger*in muss viel mehr können, als alte Menschen zu füttern. Es geht darum, die Kinder stark zu machen für ihr Leben und den alten Menschen ein Leben in Würde zu ermöglichen. Es geht um eine sehr große Verantwortung. Dennoch hängt diesen Berufen das Image an, es würde mehr um Aufopferung und weniger um Professionalität gehen. Vielleicht mag das vor hundert Jahren so gewesen sein, heute stimmt das längst nicht mehr.

Ob in der Erziehung, der Pflege oder in anderen Branchen: Bildung wird in Zukunft wichtiger denn je. Wir leben in einer Gesellschaft, die digital transformiert wird. Wissen replizieren können Maschinen zunehmend besser als Menschen. Aber Menschen können kreativ denken, sie können sich in andere einfühlen, sie können Zusammenhänge und Entwicklungen begreifen, die Maschinen nicht verstehen. Sie können erkennen, warum jemand etwas tut und nicht nur mit welcher Wahrscheinlichkeit. Sie können eigenständig denken und mit anderen Menschen so zusammenarbeiten, dass die Ergebnisse in der Summe manchmal mehr sind als lediglich die Addition der einzelnen Teile. Diese Stärken müssen in den Fokus der Bildung rücken. Eigenständiges Denken, Verantwortung übernehmen, Kreativität, Empathie, Teamfähigkeit und interkulturelle Kompetenzen – das sind die Fähigkeiten, die wir fördern müssen, weil sie die Basis für die Wirtschaft von morgen darstellen. Schon heute ist es möglich, Zahnersatz oder Prothesen im 3-D-Drucker herzustellen, in Zukunft sind es vielleicht Herzklappen oder andere Körperteile. Die Bereitschaft in unserem Land, neue Geschäftsideen mit Risikokapital zu unterstützen, ist allerdings sehr schwach ausgeprägt. In den USA ist es beispielsweise total normal, dass Menschen mit viel Eigenkapital dieses auch investieren. Bei uns haben es Gründer*innen hingegen sehr schwer, Kapital für ihren Start zusammenzubekommen. Das finde ich schade. Natürlich kann die Idee auch scheitern, es heißt ja nicht umsonst Risikokapital. Aber es kann genauso etwas Gutes daraus entstehen! Vielleicht müssen wir auch erst eine positive Kultur des Scheiterns bei uns etablieren. Denn Scheitern hat nichts mit Versagen zu tun, selbst wenn viele es noch so empfinden. Falls jemand eine (Geschäfts-)Idee hat, aber bei der Umsetzung keinen Erfolg, ist das nicht verwerflich. Vielleicht klappt es ja im zweiten oder dritten Anlauf. Sich nicht entmutigen lassen, mal etwas riskieren, an sich selbst glauben – auch diese Einstellungen sollten an den Schulen vermittelt werden. Überhaupt: wie man von der Idee zu einer Firmengründung kommen kann – das alles sollte gelehrt werden. Nicht nur die Wiederholung bis zur Perfektion. Mehr unternehmerisches Denken und Eigenverantwortung würde sowohl den Einzelnen wie auch der ganzen Gesellschaft weiterhelfen. Dazu gehört ebenfalls, vielversprechende Ansätze wie soziales Unternehmertun zu fördern.[34]

Wie Sie, liebe Leserin und lieber Leser, gerade gehört haben, verändern sich der Arbeitsmarkt und die Wirtschaft also spürbar – das Steuersystem bislang noch nicht. Fast die Hälfte der Steuereinnahmen des Bundes und der Länder kommt aus der Einkommensteuer, ein knappes Drittel durch die Umsatzsteuer.[35] Dagegen werden leistungslos erworbene Vermögen wie Erbschaften kaum besteuert: Die Erbschaftssteuer trägt nur zu rund einem Prozent zum Steueraufkommen bei. Ökologisch schädliches Verhalten wird ebenfalls kaum besteuert, sondern im Gegenteil noch steuerlich gefördert. Flugbenzin ist steuerfrei, Diesel wird niedriger besteuert als Benzin. Wenn der Flug von München nach Hamburg 29,99 Euro kostet, die Bahnfahrt dagegen 150 Euro, dann läuft was gewaltig schief. Bereits 2012 hatten sich die umweltschädlichen Steuersubventionen auf 57 Milliarden Euro summiert. Das hat das Umweltbundesamt ausgerechnet.[36] Wir schonen also diejenigen, die viel erben oder die Umwelt schädigen, und nehmen das Geld aus den Arbeitseinkommen. Dabei müsste es genau umgekehrt sein. Deshalb ist es auch an der Zeit, das Steuersystem wieder vom Kopf auf die Füße zu stellen: Die umweltschädlichen Steuersubventionen abbauen, die Erbschaftssteuer auf ein vernünftiges Niveau anheben – und schon gäbe es genug Spielraum für Investitionen in bessere Bildung, digitale und ökologische Infrastruktur.

Wo es möglich ist, sollten wir zudem das Steuersystem für ökologische Anreize nutzen. Wenn es schon Steuervergünstigungen für Dienstwagen gibt, dann nur für emissionsfreie Autos. Warum führen wir denn nicht endlich einen Kohlendioxidpreis ein – weltweit ist er schon in 70 Ländern Realität? Am besten natürlich europaweit, aber wenn das zu lange dauert, auch als nationale Lösung. In Schweden, Frankreich und Slowenien existiert sie bereits. Das wäre ein Anreiz für die Verbraucher*innen, sich klimafreundlicher zu verhalten, und für die Wirtschaft, klimafreundliche Produkte und Dienstleistungen anzubieten. Der Ertrag könnte, wie in der Schweiz, zu gleichen Teilen an die Bürger*innen zurückfließen. Denn Umweltschutz und soziale Gerechtigkeit müssen miteinander gedacht werden – sonst haben wir als Gesellschaft ein Problem. Mit so einem Klimabonus oder Energiegeld würden sich die besserstellen, die weniger Kohlendioxid verursachen. Wer das Klima schädigt, zahlt drauf. Vorausgesetzt, die Höhe der Steuer wäre tatsächlich spürbar und nicht nur symbolisch, könnte eine solche Steuer die Transformation der Wirtschaft in Richtung Klimaschutz einen großen Schritt voranbringen. Sollte das Arbeitsvolumen durch die digitale Transformation deutlich sinken, müssen wir über eine grundlegende Reform des Steuersystems nachdenken, etwa ob eine Wertschöpfungssteuer an die Stelle der Einkommensteuer treten kann, damit der Staat seine Aufgaben finanziert bekommt.

Bei allem Know-how, um das es in der Sphäre der Wirtschaft geht, kommt es immer auch darauf an zu wissen, warum man etwas tut. Einfach nur als Selbstzweck mehr Vermögen anzuhäufen ist wenig sinnstiftend. Natürlich muss jede und jeder selbst entscheiden, wofür und warum sie oder er arbeitet. Das kann und soll nicht politisch verordnet werden. Aber politische Entscheidungen sollten wertebasiert sein und einem moralischen Kompass folgen, damit sie nicht beliebig werden. Die viel zitierte Generation Y – zu der ich ja auch gehöre und die zwischen 1980 und Mitte der 90er-Jahre geboren ist – hinterfragt sehr kritisch die Vorstellung, dass Glück vor allem mit dem Besitz von Gütern gleichzusetzen ist. Selbstverwirklichung und Sinnhaftigkeit des eigenen Tuns gehören ebenfalls dazu. Mich hat meine politische Arbeit schon immer mit Sinn erfüllt, von daher habe ich nur selten an ihr gezweifelt. Sie gefällt mir einfach – das, was ich mache, tue ich gern. Was ist aber, wenn es anders ist? Wenn man zum Beispiel viel Geld mit vielen Arbeitsstunden verdient, aber keinerlei Freude dabei empfindet? Was hilft es, reich zu sein, man sich dafür allerdings selbst verleugnen muss und keine Zeit mehr für Familie und Freunde hat?

Ich muss mich ja nur in meinem eigenen Freundeskreis umschauen: Ja, hier schlägt die Rushhour des Lebens rund um die 30 voll zu. Irgendwie muss alles unter einen Hut gebracht werden: beruflich Fuß fassen, eventuell Familie gründen, Veränderungen im Freundeskreis mitmachen, die Eltern unterstützen und, und, und. Es wird aber sehr wohl reflektiert und diskutiert, ob das Hamsterrad wirklich das Ziel ist. Wie man es anders machen kann. Wie man es anders machen sollte. Denn: Am Ende ist die Wertschöpfung durch die Produktion von Gütern und Dienstleistungen kein Selbstzweck, sondern vor allem das Mittel, um Freiheit und Selbstbestimmung zu ermöglichen. Zum Know-how sollte immer auch ein Know-why gehören. Wenn wir uns also um einen wertegebunden Rahmen unseres Wirtschaftssystems kümmern, dann ist auch die Wertschöpfung im besten Sinne gesichert.

Globalisierung: gemeinsam mehr erreichen

Mein Auslandssemester 2007 in Kalifornien hätte wohl ohne Globalisierung nie stattgefunden, genauso wenig wie meine dreiwöchige Rundreise durch die Nationalparks der USA mit einer guten Freundin. Ausschlaggebend für das fünfmonatige Semester an der University of California in San Diego war sicherlich meine USA-Begeisterung. Seit ich denken kann, hatten es mir die Hollywoodfilme, die Popkultur, die Traumlandschaften und das Lebensgefühl – dieses Positive *(You Can Get It, If You Really Want It)*, das Nichtmeckern, sondern das Machen – angetan. Deshalb waren die USA in meiner Sozialisation schon immer ein Traummagnet, und darum wollte ich auch unbedingt in diesem Land ein Semester studieren. Ohne Globalisierung hätte ich die USA natürlich nie für so kurze

Zeit bereisen können, dafür hätte ich dann wohl auswandern müssen. Aber oft verschätzt man sich auch hinsichtlich der Globalisierung, denn sie ist kein neues Phänomen: Sie ist mit der technologischen Entwicklung wie der Fernmeldetechnik und der wachsenden Mobilität durch die Schifffahrt – und später durch den Flugverkehr – sowie der wirtschaftlichen Verflechtung entstanden. Durch die rasante Entwicklung der Kommunikationstechnologien und die wachsende Bedeutung von Ländern wie China, Indien oder Brasilien in den letzten zwei Jahrzehnten hat die Globalisierung eine neue Qualität erreicht. Dabei handelt es sich mitnichten um ein rein ökonomisches Phänomen, die Globalisierung ist ebenso ein kulturelles und politisches: Die *Backstreet Boys* waren in meiner Jugend nicht die Boyband aus meinem Nachbardorf, trotzdem haben wir sie alle gehört, und noch heute kann ich von *Larger Than Life* über *Quit Playing Games* alle Lieder meines Erachtens perfekt – für mein Umfeld eher nervig – mitsingen. Filme aus Hollywood finden rund um den Globus reißenden Absatz, die führenden europäischen Fußballvereine generieren einen wachsenden Teil ihres Umsatzes und ihrer Markenstärke auf dem asiatischen Markt und die Geschäftspolitik von Facebook hat Auswirkungen auf Nutzer*innen in vielen Ländern außerhalb der USA.

Die Globalisierung wird nicht zu Unrecht für den Niedergang etwa der Stahlindustrie in den USA oder der Unterhaltungselektronik in Deutschland verantwortlich gemacht. Bessere Standortbedingungen, niedrigere Löhne, eine innovativere Unternehmenspolitik oder niedrigere ökologische und soziale Standards haben dazu geführt, dass andere Länder zum Weltmarktführer in einer Reihe von Branchen aufgestiegen sind. In einer Welt, die auf einem Freihandelsregime aufbaut, ist das die logische Konsequenz. Und obwohl immer wieder auch deutsche Firmen der internationalen Konkurrenz zum Opfer fallen, ist Deutschland unter dem Strich ein

Nutznießer der Globalisierung. Jahr für Jahr verzeichnen wir einen riesigen Außenhandelsüberschuss: Wir exportieren deutlich mehr Güter und Dienstleistungen, als wir importieren. Der Wohlstand in Deutschland ist nicht trotz, sondern aufgrund der Globalisierung entstanden. Eine Welt, in der sich die Märkte der einzelnen Staaten gegeneinander abschotten, hätte in Deutschland einen der größten Verlierer. Dennoch hält sich in den USA, aber auch in Deutschland, die Debatte um die Globalisierungsverlierer, und der Ruf nach wirtschaftlicher Abschottung vermengt sich mit der Forderung nach einer rigorosen Begrenzung der Einwanderung zu einem gefährlichen und dumpfen Gebräu aus nationalistischem und rassistischem Denken. Die Wahl Donald Trumps, der Brexit und die Wahlerfolge nationalistischer Parteien in Europa sind auch das Ergebnis dieser Ressentiments. Dabei finde ich, muss man einen differenzierten Blick bewahren: auf die globalen Verhältnisse und die Politik im eigenen Land. Deutschland ist, wie die meisten westlichen Industrieländer, ein Gewinner der Globalisierung. Auch ich als typisches Kind der Mittelschicht – Mutter: Buchhändlerin, Vater: Redakteur – bin dankbar um die vielen Optionen, die mit der Globalisierung einhergehen. Einige durfte ich bereits in der Schulzeit genießen, so etwa als ich während eines Schüleraustausches am Clifton College in Bristol die britische Kultur kennenlernen durfte – und mein Austauschpartner anschließend die bayerische Gastfreundschaft.

Unter welchen Bedingungen diese Globalisierung zustande kam, wurde von einer breiten Öffentlichkeit allerdings nur selten hinterfragt. Als rohstoffarmes Land beziehen wir Metalle, seltene Erden und Rohstoffe aus anderen Nationen. Wie diese Ressourcen gefördert werden, wer daran verdient und was mit dem Geld geschieht, war den meisten Menschen in unserem Land nicht wirklich wichtig. Solange Erdöl und Erdgas aus den arabischen Staaten und Russland ausreichend zur

Verfügung stand, haben wir uns kaum um die Menschenrechte in diesen Ländern gekümmert: ob mit den Erlösen aus diesen Geschäften Terrorgruppen finanziert wurden und werden. Ob die günstigen Hosen und T-Shirts oder die neuesten Handys aus Sweatshops in Asien stammen, in denen zu menschenunwürdigen Bedingungen produziert wird. Dennoch wäre es der falsche Weg, auf nationale Abschottung zu setzen. Dadurch würde auf lange Sicht kein einziger Arbeitsplatz gerettet – im Gegenteil, es würden viele verschwinden. Und mit Blick auf ökologische und soziale Standards wäre mit einem Regime der Renationalisierung ebenfalls nichts gewonnen. Die Alternative: ein Regime der internationalen Zusammenarbeit, in der wir vorhandene Institutionen stärken und den rechtlichen Rahmen ausbauen. Denn die transnationale Verflechtung hat nicht nur negative Konsequenzen im Gepäck, sondern bringt auch viele Segnungen mit sich. Ich komme gleich darauf zurück, was das konkret bedeutet.

Ein solches Regime existierte in Ansätzen während der bipolaren Weltordnung in der zweiten Hälfte des 20. und bis zum Beginn des 21. Jahrhunderts. Die USA waren so etwas wie der Garant dieser Weltordnung – in politischer, militärischer, wirtschaftlicher und auch kultureller Hinsicht. Die Wahl Donald Trumps markierte das Ende dieser Ordnung, die freilich bereits in den Jahren zuvor brüchig geworden war. Von der politischen Linken ist das System der amerikanischen Hegemonie oft kritisiert worden, und das zu Recht: Der Einsatz von militärischen Mitteln wie in Vietnam in den 70er-Jahren oder im Irak zu Beginn dieses Jahrhunderts brachte keine Lösung der Konflikte, aber Tod und Leid für die Zivilbevölkerung. Die oft rücksichtslose Verfolgung amerikanischer Interessen hat manches Land destabilisiert. Für Deutschland und Europa bedeutete die US-amerikanische Vorherrschaft allerdings die Befreiung vom Naziterror und die Etablierung einer demokratischen, liberal politischen Ordnung, erst im Westen des Kontinents, später auch im Osten. Und sie sorgte für eine lange Zeit des Friedens in Europa, der historisch beispiellos ist. Dafür bin ich sehr dankbar. Blickt man derzeit auf die Rolle der USA in der globalisierten Welt, so muss man feststellen: Diese Zeit ist vorbei. Sie wird auch nicht wiederkehren, selbst wenn Donald Trump nicht mehr amerikanischer Präsident ist. Mit dem Aufstieg Chinas ist ein Akteur auf die weltpolitische Bühne getreten, der die Mittel hat, den erhobenen globalen Führungsanspruch[37] auch einzulösen. Als ich im März 2017 mit meinem MBA-Studiengang für zwei Wochen an der Tsinghua-Uni in Peking war – die TU München hat eine Kooperation mit ihr –, habe ich selbst zum ersten Mal gespürt, wie hungrig dieses China nach Aufstieg sowie Wohlstand ist und wie gesättigt wir hier vielleicht auch in Europa schon sind. Dort an der Uni hat in meinen Augen kein Kommilitone gechillt. Viel zu lernen und exzellent ausgebildet zu sein ist für die dortigen Studenten unter anderem die Grundvoraussetzung, um später eine erfolgreiche Karriere zu machen. Und zugleich die Antriebsfeder des chinesischen Leistungsdenkens. Diesen Wachstumsmotor, von dem man bei China gern spricht, den meine ich in der fast 22 Millionen Einwohner großen Metropole Peking durchaus erlebt zu haben. Allein schon diese Masse an Leuten, die Lautstärke, dieses Gewusel, diese Mobilität – die Autos, die im Stau standen, die Roller, die sich noch drum wanden, und dann noch die ganzen Fahrräder –, das hat mich alles stark beeindruckt. Weil ich das live gesehen habe, kann ich aber auch sagen: So stelle ich mir unser Zusammenleben nicht unbedingt vor, den ganzen Tag mit einer Atemmaske in der Stadt rumzurennen.

Dennoch wird das Zentrum der Weltpolitik künftig immer weniger die atlantische, sondern immer mehr die pazifische Region sein. Die engen Beziehungen zwischen den USA und Europa werden sich deshalb zwangsläufig verändern. Trotzdem bleiben die USA, die hoffentlich nach Trump wieder den

Weg aus der nationalen und autoritären Ecke zurück zu ihrer demokratischen und liberalen Tradition finden, wichtige Verbündete für Europa. Denn bei aller technologischen und ökonomischen Modernisierung steht China für ein autoritäres politisches Modell. Eine globale Führungsrolle Chinas würde unter diesen Voraussetzungen die Welt nicht freier, sondern unfreier machen. Freiheit und Demokratie zu verteidigen und zu stärken – das sollte auch weiterhin der Anspruch europäischer und US-amerikanischer Politik sein. Um diesen Anspruch geltend machen zu können, ist die transatlantische Zusammenarbeit von Bedeutung. Wer meint, wir könnten sie vernachlässigen, irrt. Auch gerade jetzt, in den schwierigeren Zeiten, muss man die Partnerschaft pflegen und intensivieren. Denn es gibt so viele Menschen, Organisationen, Verbände und politische Akteure, denen eine Kooperation mit Deutschland, mit Europa ebenfalls sehr wichtig ist. Die aufgrund der Fakten, der gemeinsamen Geschichte und der gleichen Werte zusammenarbeiten möchten. Und genau das sollten wir tun.

2017 konnte ich das selbst live erleben. Das US-Außenministerium lädt nämlich jedes Jahr *young leaders* für das kulturelle Austauschprogramm in die USA ein. Und ich hatte mich sehr darüber gefreut, dass ich mit von der Partie sein durfte. Im Juni 2017 machte ich mich also auf den Weg nach Washington und traf dort auf viele andere *young leaders* aus 15 europäischen Ländern. Zusammen waren wir knapp drei Wochen in Washington, Little Rock, Seattle und Denver unterwegs. Gespräche mit Nichtregierungsorganisationen, Politiker*innen der demokratischen und republikanischen Partei, Unternehmen und der Zivilgesellschaft waren für mich sehr hilfreich, ganz plastisch zu verstehen und zu erleben, wie interdependent unsere Welt doch ist und wie dringend wir Verbündete brauchen. In dem intensiven dreiwöchigen Programm ist mir erneut klar geworden: Ein Regime der internationalen Kooperation, das eine friedliche Lösung von

Konflikten anstrebt, ökologische und soziale Standards etablieren will, die Demokratie fördert und so die Voraussetzungen für Freiheit schaffen will, wird nur mit einem Amerika durchzusetzen sein, das sich über seine unmittelbaren wirtschaftlichen und politischen Interessen hinaus in der Weltpolitik engagiert. Und mit einem Europa, das in der Lage ist, sich zu erneuern. Wenn wir nur andauernd darüber streiten, was in Brüssel und was in den nationalen Hauptstädten entschieden wird, übersehen wir, welche die tatsächlich entscheidenden Fragen sind: Bestimmen wir auch in Zukunft über unser eigenes Schicksal, weil Europa eine wichtige Rolle auf der internationalen Bühne spielt? Nehmen wir unsere eigene Zukunft selbstbestimmt und selbstbewusst in die Hand? Oder werden wir zum Spielball anderer, weil Europa nationale Befindlichkeiten über das Gesamtinteresse stellt?

Wir können nicht länger erwarten, dass andere unsere Werte verteidigen und unsere Interessen vertreten. Das muss Europa selbst in die Hand nehmen. Damit Europa diese Wirkung nach außen überhaupt erst entfalten kann, sind zwei Dinge notwendig: eine gemeinsame Außen- und Sicherheitspolitik sowie die Entscheidung dafür, der Wirtschafts- und Währungsunion endlich die politische Union folgen zu lassen. Die Möglichkeit, in bestimmten Bereichen mit Mehrheit zu entscheiden, statt endlos lange den Konsens aller Mitgliedsstaaten zu suchen, würde die EU auf wichtigen Feldern handlungsfähig machen. Denn nur so kann sie ihr Gewicht wirklich in die Waagschale werfen. Beispielsweise mit einer längst überfällig abgestimmten Technologie- und Industriepolitik, um in den Schlüsselbranchen mit den USA und China mithalten zu können. Derzeit gibt es nämlich weder eine nennenswerte Produktion von Solarzellen noch von Batteriezellen in Europa. Beides sind aber entscheidende Technologien für eine klimaschonende Wirtschaft der Zukunft – und deshalb von großer strategischer Bedeutung.

Auch auf dem Feld der künstlichen Intelligenz bestimmen die USA und China das Tempo und die Richtung der Entwicklung. In Europa gibt es zwar viele Start-ups, aber wenig Risikokapital. Von diesen beiden Ländern abhängig zu sein würde die ökonomische Position Europas empfindlich schwächen. Vor allem aber würden wir die Möglichkeit verlieren, auf ethische Standards der KI hinzuwirken mit dem Ziel, darin nicht nur ein Geschäftsmodell – oder gar ein Instrument zur Kontrolle – zu sehen, sondern ein Werkzeug, das der Freiheit und der Selbstbestimmung der Menschen dienen kann.

Ob die EU geschlossen und wirksam auftreten kann, hängt auch von ihrer inneren Verfasstheit ab. Ich habe sehr starke Zweifel, dass das strikte Beharren auf Haushalts- und Ausgabendisziplin der richtige Weg ist, um den Zusammenhalt in der EU zu stärken. Sich immer nur auf die Konsolidierung der öffentlichen Haushalte zu konzentrieren verengt den Blick darauf, was mit der Gesellschaft in Ländern wie Spanien, Griechenland oder Italien geschieht. Die Spar-Rosskur, die insbesondere Griechenland infolge der Finanz- und Staatsschuldenkrise auferlegt wurde, kann auch nach hinten losgehen. Wenn die Menschen sich allein gelassen fühlen, werden wir sie mit Sicherheit nicht für ein gemeinsames Europa gewinnen. Daher sollten wir das ganze Bild betrachten und es nicht nur durch die Brille der Haushaltspolitiker*innen sehen. Wobei in der öffentlichen Diskussion die Tatsache viel zu kurz kommt, dass die deutschen Steuerzahler*innen von der Staatsschuldenkrise Griechenlands profitiert haben[38] und nicht, wie das manche Boulevardmedien bei uns suggeriert haben, Milliarden verschenkt. In einem gemeinsamen Europa, das seine Werte und Interessen zusammen vertritt, kann es uns nicht kaltlassen, wenn in manchen Mittelmeer-Anrainerstaaten 30, 40 oder gar 50 Prozent der Jugendlichen ohne Arbeit und Perspektive dastehen.

Der Umkehrschluss bedeutet ja nicht, die dortigen Haushalte einfach nur mit vielen Milliarden zu stützen. Deshalb verstehe ich bis heute nicht, warum nicht mit einem groß angelegten *Green New Deal* geholfen wird. Die Idee dahinter: Investitionen deutlich zu erhöhen, die gut sind für die Umwelt wie etwa der Bau neuer Schienenverbindungen oder die Förderung erneuerbarer Energien. Die Länder im Süden der EU verfügen allesamt über glänzende Bedingungen für erneuerbare Energien, nämlich über viel Sonne und Wind. Mit einem Förderprogramm könnten sie unabhängiger von Ölimporten werden, Strom in die EU verkaufen, das Klima schützen und Arbeitsplätze schaffen. Oder warum werden Kredite nicht zielgerichtet vergeben, um die Forschungs- und Hochschullandschaft zu stärken? Viele weitere Möglichkeiten sind hier denkbar, wir müssten sie eben endlich als Investitionen begreifen und nicht einfach nur als Staatsausgaben. Damit würden wir den Bürger*innen signalisieren: Ihr seid uns nicht egal, ihr habt unsere Solidarität, weil wir ein vereinigtes Europa sind. Und es gäbe noch einen zweiten Effekt: ein Europa, das Vorbild dabei ist, wie die ökologische Transformation sozial ausgewogen zu bewältigen ist. Ein Europa, das zeigt, wie demokratische Kultur auch unter den Bedingungen kultureller Vielfalt gestärkt werden kann. Und ein Europa, das in der Lage ist, die digitale Transformation von den Menschen her zu denken. Ein solches Europa würde auf der internationalen Bühne über enorme Soft Power verfügen.

Ein solches Europa könnte neben der Erzählung als Garant für den Frieden auf dem Kontinent auch eine zweite Erzählung etablieren, nämlich: der Motor für die Gestaltung der Zukunft zu sein. Oder wie Joschka Fischer es ausdrückt: Das Selbstverständnis Europas, das von der Idee geprägt ist, nie wieder Nationalismus, Gewalt und Barbarei zuzulassen, muss um die Idee erweitert werden, dass eine souveräne Zukunft Europas nur gemeinsam zu erreichen ist.[39] Gerade auch die jüngere Generation fühlt sich als Europäer*in. Wenn ich im

Ausland unterwegs bin und gefragt werde, wo ich herkomme, sage ich immer erst mal »Europe«, dann »Germany« … Aber ich würde nie als Erstes davon sprechen, dass ich aus Herrsching am Ammersee bin. A kennt das keiner, und B identifiziere ich mich ganz klar auch als Europäerin. Für meine Generation ist Europa ganz selbstverständlich ein wichtiger Bestandteil unserer Identität.

Ähnlich wie die Etablierung der Nationalstaaten im 18. und 19. Jahrhundert die Voraussetzung für die weitere Entwicklung in Europa war, ist die Überwindung der Nationalstaaten und die europäische Integration die Bedingung dafür, Freiheit und Demokratie zu verteidigen, Wohlstand und Sicherheit zu garantieren. Die europäischen Staaten sind längst zu klein, um für sich dieses Versprechen einzulösen. Das bedeutet nicht, Traditionen, regionale und kulturelle Identitäten aufzugeben – ganz im Gegenteil: Nur ein starkes Europa kann deren Bestand in einer sich weiter globalisierenden Welt garantieren. Denn nur ein starkes Europa ist in der Lage, die Bedingungen der Globalisierung zu beeinflussen. Die Warnung vor einem angeblichen europäischen Einheitsstaat ist nur eine hohle Phrase derer, die nicht über den nationalen Tellerrand denken können. Ähnlich wie die föderal verfasste Bundesrepublik Raum für kulturelle Unterschiede lässt, wäre auch ein föderales Europa offen für Heterogenität. Die Mehrheit der Bürger*innen Europas – das ergab eine Umfrage des European Council on Foreign Relations – hat kein Problem damit, gleichzeitig eine nationale Identität zu haben und sich als Europäer*in zu verstehen.[40]

Aber wer soll ein solches Europa bauen? Ich denke, es ist an meiner Generation, voranzugehen. Denn wir sind die, die in den unglaublichen Vorzügen einer Europäischen Union aufwachsen durften. Ich bin 34 Jahre alt und ich darf seit 34 Jahren hier in Frieden leben. Das ist ein unglaubliches Geschenk! Für mich ist es normal, innerhalb Europas reisen zu können und andere Kulturen kennenzulernen. Wie gerne denke ich an meine Interrailtour durch die baltischen Staaten zurück: an die langen Sommernächte in den Restaurants und Bars in Vilnius, an die lustigen Hostelbewohner*innen aus Riga und an die Freude, eine gute Freundin aus dem Fünf-Seen-Land in Tallinn zu treffen und mit ihr die Stadt unsicher zu machen! Oder mein Couchsurfing in Polen, bei dem ich unter anderem viel über Brückeninstandhaltung gelernt habe. Mein Host in Warschau hatte das nämlich studiert, was zur Folge hatte, dass ich in dem Urlaub jede Brücke mit Respekt und Argwohn betreten habe. Und nicht zu vergessen: die Handballturniere in Italien! Was waren wir in der C-Jugend vom TSV Herrsching aufgeregt und stolz, weil wir nicht mehr nur gegen bayerische Mannschaften spielten, sondern tatsächlich in Rovereto an einem internationalen Turnier teilnahmen. Das Schlafen auf Isomatten in Klassenzimmern hat – ebenso wie die lauen italienischen Sommernächte mit dem Trubel in den Straßen – nicht gerade zur Leistungssteigerung beigetragen, aber eine gute Zeit hatten wir trotzdem!

Ich habe Freund*innen aus aller Herren und Frauen Länder. Und so wie mir geht es sehr vielen jungen Leuten: Wir können im europäischen Ausland studieren, dort arbeiten, uns verlieben, hinziehen, wegziehen – all diese wunderbaren Dinge. Für mich ist das Bestehen der EU nicht verhandelbar. Und für die allermeisten Menschen auch nicht. Zum Glück! Weil Europa für uns schon immer da war, sind wir aufgefordert, dafür zu sorgen, dass es bleibt und auf neuen Füßen steht. Denn es ist nicht gesagt, dass wir diese Freiheit, diesen Austausch und das Gemeinsame für immer haben werden. Wer hätte gedacht, dass wir seit 2015 wieder Grenzkontrollen an der deutsch-österreichischen Grenze haben? Mitten in Europa! Und die Regierung in Bayern hält die ebenfalls für so notwendig, dass sie wieder eine eigene bayerische Grenzpolizei aufgebaut hat. Obwohl Grenzschutz Bundesangelegenheit ist. Ich klage jetzt vor dem Bayerischen Verfassungsgerichtshof dagegen. Ich bin sicher nicht die Einzige, die dachte, das Europa der Schlagbäume sei vorbei. Was zeigt: Möchten wir Europa erhalten und weiterentwickeln, müssen wir jetzt etwas tun. Die Europäer*innen der Nachkriegsgeneration sind von der politischen Bühne getreten. Die Generation Merkel ist in pragmatischer Alltagsbewältigung stecken geblieben, weil sie zwar nicht zurück in den Nationalstaat wollte, aber auch keinen Mut hatte, ihn zu überwinden. Junge müssen übernehmen, Europa gestalten und seine Werte verteidigen. Nicht nur aus moralischen Gründen, sondern im eigenen Interesse. Ich sehe es wie der Historiker Timothy Garton Ash: »Meine große Bitte an die Europäer*innen der 1989er-Generation: Kümmert euch um dieses Europa! Engagiert euch mehr! Diejenigen, die heute zwischen 20 und 40 Jahre alt sind, haben am meisten von der Europäischen Union, der Freiheit, dem relativen Wohlstand und dem Frieden profitiert – es ist jetzt an ihnen, dieses Europa zu verteidigen.«[41]

Gleiche Chancen für alle – gegen soziale Spaltung

Wir leben in einem der reichsten Länder dieser Welt. Ich selbst wohne in München – der Stadt, der weit über Bayern hinaus berechtigte und unberechtigte Vorurteile vorauseilen. Wir haben in unserem Land quasi Vollbeschäftigung, und dennoch gibt es bei uns Menschen, die haben am Ende des Geldes noch Monat übrig. Wenn wir uns dazu die Zahlen etwas genauer anschauen, dann sind das nicht wenige: Etwa jeder sechste Mensch in unserem Land ist arm. Dazu zählen beispielsweise Alleinerziehende mit einem Kind unter 14 Jahren, die monatlich weniger als 1412 € zur Verfügung haben oder ein Paar mit zwei Kindern unter 14 Jahren, das nur auf weniger als 2281 €

kommt.[42] Armut heißt nicht nur, dass es diesen Menschen manchmal am Nötigsten fehlt, etwa an Essen oder einem Dach über dem Kopf. Vielmehr ist es die Erfahrung, nicht dazuzugehören; das Gefühl, kein vollwertiges Mitglied einer Gesellschaft zu sein, in der ein ausreichendes Einkommen sehr häufig die Voraussetzung für eine soziale und kulturelle Teilhabe ist. Wer über weniger Geld verfügt, hat oft auch weniger soziale Kontakte, weil es im Budget eben nicht drin ist: das Kino, das Theater, mit Freunden in ein Restaurant zu gehen oder sie nach Hause einzuladen. Wer arm ist, kann nicht für das Alter oder besondere Lebenssituationen vorsorgen. Arme sind häufiger krank, ihr Alltag ist eher von Sorgen als von Lebensfreude geprägt, und ihr Selbstwertgefühl ist geringer. Häufig ist Armut auch sichtbar, da man sich eben nicht die angesagte Kleidung leisten kann. Sie geht oft mit einem Schamgefühl einher, was letztendlich dazu führt, dass sich Arme noch stärker aus der Öffentlichkeit zurückziehen.

Aber nicht nur die Armut selbst, auch die Angst davor führt zur Spaltung der Gesellschaft. Abstiegsängste, die Angst, nicht mehr mithalten zu können in der schärfer werdenden Konkurrenz um Status und Einkommen, können zur Entsolidarisierung führen. Nimmt mir der Ausländer den Arbeitsplatz weg? Welche Leistungen bekommen Flüchtlinge? Wieso bekommen die großen Städte so viel Geld und meiner Region fehlt es am nötigsten? Ein gewisses Maß an Konkurrenz ist bestimmt hilfreich, weil unsere Gesellschaft dadurch kreativer wird. Wird Konkurrenz aber zum alles dominierenden gesellschaftlichen Prinzip, sehen wir in den anderen nur noch Konkurrent*innen, die es zu überflügeln gilt, und nicht mehr die Menschen, die sie tatsächlich sind.

Die Armut ist mitten unter uns. Ich erinnere mich noch gut an die vielen Gespräche mit Alleinerziehenden, die sich mehr schlecht als recht durch das Leben schlagen. Auch und gerade im teuren München. Es zieht einem das Herz zusammen, wenn eine junge Mutter vor einem steht und erzählt, dass sie immer Sorge hat, wenn Schullandheim und Geburtstag auf den gleichen Monat fallen. Einfach weil sie nicht weiß, wie sie es bezahlen soll. Wenn sie davon berichtet, dass die Spülmaschine schon seit sechs Monaten kaputt ist, die neuen Winterschuhe für alle Kinder aber dem Neukauf einen Strich durch die Rechnung gemacht haben. Ich finde, so etwas darf es in unserem Land nicht geben.

Und obwohl wir in den letzten Jahren fast ein stetiges Wirtschaftswachstum hatten, steigt der Anteil der Armen, anstatt zu sinken. Die Vorstellung, dass es allen besser geht, sobald die Wirtschaft wächst, mag vor 50 oder 60 Jahren richtig gewesen sein. Heute ist sie es nicht mehr. Wollen wir also nicht akzeptieren, dass es so viel Armut bei uns gibt – und sie sogar weiter anwächst –, benötigen wir Instrumente und eine Politik, die dagegen angeht.

Fast zwei Drittel der Arbeitslosen leben in Armut und vier von zehn Alleinerziehenden. Diese beiden Gruppen haben das höchste Armutsrisiko. Leider reicht es zur Bekämpfung der Armut nicht immer aus, mehr Menschen in Arbeit zu bringen. Denn von den armen Menschen über 18 Jahren ist ein Drittel erwerbstätig, ein Viertel in Rente oder Pension. Besonders erschreckend finde ich diese Zahl: Jedes fünfte Kind in Deutschland wächst in Armut auf, und Familien mit drei Kindern sind besonders häufig von Armut betroffen. Es gibt also einige Bevölkerungsgruppen, die verstärkt unter Armut leiden – und das sind Alleinerziehende, Kinder, kinderreiche Familien, Rentner*innen und erwerbstätige Menschen, deren Lohn nicht ausreicht. Meiner Überzeugung nach muss der Staat hier schnellstens handeln, statt weiter zuzusehen. Diese Menschen haben nämlich das gleiche Recht auf Freiheit und Teilhabe wie alle anderen.

Wer meint, wir könnten nur achselzuckend danebenstehen, übersieht, dass wir dadurch den gesellschaftlichen Zusammenhalt aushöhlen – mit all den negativen Folgen. Armut zu bekämpfen heißt zuerst einmal, die Hürden zu beseitigen, die Menschen daran hindern, selbst genügend zu verdienen. Alleinerziehenden und kinderreichen Familien wäre meistens schon geholfen, wenn es ein besseres Angebot für die Kinderbetreuung gäbe. Denn zu oft klappt es einfach nicht, Kindererziehung und Erwerbsarbeit unter einen Hut zu bringen. Es fehlen Krippen- und Kindergartenplätze. Bisweilen passen die Öffnungszeiten auch nicht zum Leben der Eltern: Schließt beispielsweise die Kita um 13 oder 15 Uhr, ist das mit vielen Jobs nicht vereinbar. Erst recht nicht, wenn eine Polizistin oder ein Altenpfleger mal abends Dienst hat oder die Kassiererin im Supermarkt am Samstag arbeiten muss. Hinzu kommt, dass sich die Kitas nicht immer in der Nähe des Wohnortes oder Arbeitsplatzes befinden. Und sind die Kinder erst einmal in der Schule, gehen die Probleme häufig von vorne los: Es gibt zu wenig Hortplätze, die Mittagsbetreuung endet um 14 Uhr, und in den Ganztagsschulen sind die Kinder zwar während der Schulzeiten betreut, jedoch nicht in den Ferien. Wer hier nicht über sehr gute soziale Netzwerke, über Großeltern vor Ort oder das nötige Geld für eine private Kinderbetreuung verfügt, stößt sehr schnell an seine Grenzen. Ein geringerer Arbeitsumfang, ein schlechter bezahlter Job – das führt vor allem in großen Städten mit hohen Mieten wie etwa München, Frankfurt oder Stuttgart schnell Richtung Armut.

Ein zeitgemäßes Angebot an Kitas und Horten wäre ein notwendiger Schritt zu weniger Armut – für die Kinder und ihre Eltern. Außerdem ist es wichtig, eine ausreichende Infrastruktur zu schaffen sowie gut ausgebildetes und entsprechend bezahltes Personal zu beschäftigen, um die Vereinbarkeit von Familie und Beruf zu fördern. Das wäre der viel bessere Weg, als Transferleistungen wie das Kindergeld zu erhöhen, das unabhängig vom Bedarf auch an wohlhabende Familien gezahlt wird, die es gar nicht benötigen. Zudem ist es endlich an der Zeit, das überholte Ehegattensplitting abzuschaffen. Der männliche Alleinverdiener und Familienernährer ist Geschichte und gehört deshalb auch aus dem Steuersystem getilgt. Stattdessen ist ein grundlegender Umbau der Familienförderung nötig; beginnend mit einer Kindergrundsicherung. Dafür zu sorgen, dass Kinder kein Armutsrisiko darstellen, ist übrigens nicht nur eine staatliche Aufgabe – hier sind auch die Arbeitgeber gefragt: über betriebseigene Kitas bis hin zu einer Unternehmenskultur, bei der Mütter oder Väter nicht schief angesehen werden, wenn sie am Nachmittag nach Hause gehen, um sich um ihre Kinder zu kümmern. In den skandinavischen Ländern ist das zum Beispiel bereits gang und gäbe: Ein Meeting nach 16 Uhr zu terminieren kommt in Schweden einem absoluten No-Go gleich. Zu diesem Zeitpunkt holen nämlich die Männer gern ihren Nachwuchs aus dem Kindergarten ab.

Wer sein Erwerbsleben hinter sich hat und eine Rente, die nicht zum Leben reicht, verdient staatliche Unterstützung. Eine Grundrente, die über die Steuer finanziert wird – das heißt von allen, nicht nur von den Beitragszahler*innen –, ist notwendig, um die wachsende Altersarmut zu bekämpfen. Besonders die Rentnerinnen haben nachweislich damit zu kämpfen. Allein schon deshalb ist es sinnvoll, die Erwerbsarbeit von Frauen zu fördern, damit sie im Alter ausreichend hohe Rentenansprüche haben. Bei all den Maßnahmen sollten wir auch darauf achten, dass sie nicht zulasten einer einzigen Generation gehen. So werden zum Beispiel die Rente mit 63 und die Mütterrente aus den Beiträgen zur Rentenversicherung finanziert. Hier gibt es gute Argumente gegen beide Maßnahmen: Kritiker*innen wenden ein, dass sie nicht der Bekämpfung der Altersarmut dienen, sondern eher bestimmte Wähler*innen-Gruppen unterstützen. Zu welchem Ergebnis man auch kommt, bezahlt werden müsste beides aus dem allgemeinen Steueraufkommen. Werden die Maßnahmen wie jetzt aus den Rentenbeiträgen beglichen, tragen vor allem die jüngeren Arbeitnehmer*innen die Last.

Zudem bin ich der Meinung, dass wir intensiver über die Verlängerung der Lebensarbeitszeit nachdenken müssen. Ich weiß, hier kommt es immer gleich zu einem Aufschrei, aber betrachten wir das Ganze doch mal sachlich und nüchtern. Wobei es natürlich einen Unterschied macht, ob jemand viele Jahre schwer körperlich arbeiten musste oder Schichtdienst hatte. Für diese Menschen ist sicherlich ein früherer Rentenbeginn sinnvoll. Aber auf einen Großteil der Bevölkerung trifft dies gar nicht zu. Im Gegenteil: Viele wollen nicht schlagartig mit 66 oder 67 Jahren aufhören zu arbeiten. Auch meinem Vater erging es so – er hat gern bis zu seinem 70. Lebensjahr weitergearbeitet und fand das motivierend. Und er ist nur einer von vielen. Und so könnten wir den Renteneintritt viel flexibler handhaben und die Arbeitszeit allmählich reduzieren. Die Arbeitszeit ans Leben der Menschen anpassen – das erscheint mir ein sinnvoller Weg. Wer noch fit ist und länger arbeiten will, vielleicht mit einer kürzeren Wochenarbeitszeit, soll das tun können. Und wer sich lieber der Familie oder seinen Hobbys widmen will, ebenfalls. Auch die Unternehmen hätten was davon: Für sie bietet sich die einmalige Chance, von der Erfahrung und dem Wissen der älteren Arbeitnehmer*innen länger zu profitieren.

Allerdings haben die Ausweitung von Minijobs, Leiharbeit, Scheinselbstständigkeit und anderer arbeits- und sozialrechtlicher Konstrukte in den letzten Jahren dazu geführt, dass heute Hunderttausende Menschen auf staatliche Hilfe angewiesen sind – obwohl sie arbeiten. Ich finde das skandalös. Einerseits gegenüber den Menschen, die sich um ihren Lebensunterhalt selbst bemühen, denen aber eine adäquate Entlohnung und somit die verdiente Wertschätzung verweigert werden. Aber auch im Hinblick auf diejenigen, die derzeit Hartz IV beziehen und denen signalisiert wird: Eine Arbeit aufzunehmen lohnt sich möglicherweise gar nicht. Das Lohn-abstandsgebot, nach dem jemand, der arbeitet, deutlich mehr Geld zur Verfügung haben müsste als jemand, der nicht be-rufstätig ist, sollte ein wichtiges Kriterium sein. Allerdings nicht als Rechtfertigung, die Sätze des ALG II zu drücken, sondern als Begründung für anständige Bezahlung. Dafür müssen wir über geänderte Regeln auf dem Arbeitsmarkt nachdenken: Atypische Beschäftigungsverhältnisse wie die Minijobs oder die Leiharbeit sollten wieder auf die Ausnah-men begrenzt werden, für die sie ursprünglich gedacht waren. Dass heute nur noch ungefähr die Hälfte der Beschäftigten einen tariflich gebundenen Arbeitsplatz haben, hat ebenfalls das Problem verschärft. Die Tarifverträge sollten wieder für mehr Arbeitnehmer*innen gelten, um prekäre Beschäfti-gungsverhältnisse einzudämmen. Wenn Unternehmen damit kalkulieren, dass niedrige Löhne durch öffentliche Leistungen aufgestockt werden, ist das nichts anderes als eine Lohnsub-vention zulasten der anderen Steuerzahler*innen. Die öffent-lichen Haushalte müssen dafür jedes Jahr viel Geld aufwen-den. Auch der Mindestlohn sollte eine Höhe haben, die das Existenzminimum garantiert.

Ich bin überzeugt: Mit gezielten Maßnahmen gelingt es, Ar-mut zu bekämpfen. Denn wer jetzt arm ist, braucht sofort Un-terstützung. Das Ziel sollte es aber sein, Armut gar nicht erst entstehen zu lassen, also präventiv zu wirken. In meinen Au-gen sehr gut zusammengefasst hat Marcel Fratzscher, der Prä-sident des Deutschen Instituts für Wirtschaftsforschung, un-seren derzeitigen Gesellschaftszustand bei einem Interview, das ich in der *Zeit* las: »Meine Wahrnehmung war immer, dass wir in einer sozialen Marktwirtschaft leben: Wer sich an-strengt, der bringt es zu etwas. Das ist aber, wenn man sich die Daten etwas genauer anschaut, eine Illusion. Wir sind längst eine Klassengesellschaft oder sogar eine Kastengesellschaft. Es ist für Kinder aus sozial schwachen Familien in fast keinem anderen Land in Europa so schwierig aufzusteigen. Es war der Anspruch der Nachkriegsgeneration, dass die Kinder es einmal besser haben als die Eltern. Wir schaffen das nicht mehr. Die mangelnde Chancengleichheit ist der Schlüssel zu allem. Sie ist maßgeblich dafür verantwortlich, dass die Einkommen und die Vermögen so ungleich verteilt sind. Wer unten ist, bleibt unten.«[43] Er bringt das vielleicht entscheidende sozialpolitische Problem unseres Landes hier auf den Punkt: Die Chancen eines Kindes definieren sich immer mehr dadurch, in welche soziale Umgebung es hineingeboren wird, und immer weniger durch die Leistung, die es in seinem Leben erbringt. Das ist Gift für unsere Gesellschaft, weil es dem zentralen Versprechen zuwiderläuft, nach dem jede und jeder mit Talent und eigenem Bemühen den Status in der Gesellschaft selbst bestimmen kann. Seines Glückes Schmied zu sein ist im heutigen Deutschland schwieriger denn je – zumindest im Hinblick auf die ökonomische Situation. Diese Verfestigung und Vererbung der Biografien erzeugt ein Gefühl der Frustration und wird als zutiefst ungerecht empfunden.

Ein gewisses Maß an Ungleichheit ist in einer modernen Gesellschaft angeblich unvermeidbar, aber die Frage ist doch, wodurch der eigene Platz in der Gesellschaft bestimmt wird: durch Geburt oder die eigene Leistung? Ich möchte, dass jeder seinen Platz in der Gesellschaft aufgrund der eigenen Leistung bekommt. Egal ob deine Mutter Zahnärztin oder dein Vater Flüchtling ist, du hast das Recht auf die gleichen Chancen. Warum ist das bei uns so nicht der Fall? Ein wesentlicher Grund sind die viel zu geringen Investitionen in Bildung. Während die OECD-Staaten im Schnitt mehr als fünf Prozent ihres Bruttoinlandsprodukts in Bildung investieren, sind es in Deutschland nur knapp über vier Prozent.[44] Das bedeutet: um nur an den Durchschnitt der anderen Industrieländer heranzukommen, müssten wir 30 Milliarden Euro im Jahr mehr ausgeben – besonders im Bereich der frühkindlichen Förderung und der Grundschulbildung. Werden in diesem Alter die Kinder mit schlechteren Chancen nämlich nicht richtig gefördert, wird es später sehr schwer, die Versäumnisse nachzuholen. Das Geld hätten wir, und Investitionen in die Bildung sind ohnehin notwendig und gut angelegtes Geld.

Wir müssen ein bestimmtes Maß an sozioökonomischer Ungleichheit akzeptieren, damit die Freiheit und die Leistungsfähigkeit unserer Volkswirtschaft nicht darunter leiden – so ist die gängige Behauptung vieler liberaler Ökonomen. Aber wann ist das bestimmte Maß denn erreicht beziehungsweise das Maß voll? Dass es auch mit mehr Gleichheit sehr gut gelingt, wirtschaftlichen Wohlstand zu erzeugen und diesen besser zu verteilen, zeigen die skandinavischen Länder. Tatsächlich belegen empirische Untersuchungen, dass mehr sozioökonomische Gleichheit einen positiven Zusammenhang zur Freiheit in einem Land aufweist. Einfacher gesagt: Mehr Gleichheit macht die Gesellschaft insgesamt freier. Mehr Gleichheit heißt in erster Linie aber nicht mehr Transfereinkommen. Es bedeutet vor allem, die Steine aus dem Weg zu räumen, die Menschen daran hindern, sich selbst Einkommen und Vermögen zu erarbeiten. Die Bildungsausgaben deutlich zu erhöhen ist dabei ein wichtiger Schritt – im digitalen Zeitalter sowieso. Dabei spielen aber nicht nur Schulen und Universitäten eine wichtige Rolle, sondern auch die betrieblichen Weiterbildungen. Daneben sollten die Arbeitnehmer*innen wieder stärker am Vermögen der Unternehmen beteiligt werden – gerade in einer Zeit, in der die Wertschöpfung vermehrt über Maschinen und Algorithmen erfolgt und in einem geringeren Maß über die menschliche Arbeitskraft.

Manchmal sind es aber nicht das zu geringe Einkommen und eine fehlende Anerkennung, die Angst vor Armut sowie sozialem Abstieg verursachen. Auch Menschen mit einem mittleren Einkommen, die ein gutes soziales Umfeld und einen sicheren Job haben, leiden unter den explodierenden Mietpreisen. Die ersten einenhalb Jahre meines Studiums an der Ludwig-Maximilians-Universität habe ich beispielsweise noch in Herrsching bei meinen Eltern gewohnt, weil die Mieten in München astronomisch hoch waren und ich sie mir einfach nicht leisten konnte. Erst als ich einen guten Job als Werkstudentin bekommen hatte, konnte ich in ein superschnuckliges WG-Zimmer direkt ins schöne Sendling ziehen, wofür ich sehr dankbar war. Das besondere Highlight: In sieben Minuten war man an der Isar – für mich als Wasserliebhaberin natürlich genial! Aber wenn ich mir die aktuellen Preise jetzt anschaue, muss ich feststellen: Damals ging's ja echt noch. Das ist doch verrückt. Denn wenn ein immer größerer Teil des Einkommens von der Miete aufgefressen wird, sinkt der Lebensstandard. Die Urlaubsreise, die früher manchmal möglich war, ist jetzt ausgeschlossen. Einen Restaurantbesuch oder den gemeinsamen Familienausflug in den Zoo, ins Schwimmbad etc. kann man sich auch nicht mehr so ohne Weiteres leisten. Letztlich werden wir das Problem nur in den Griff bekommen, wenn zwei Bedingungen erfüllt werden. Erstens: Das Leben abseits der großen Städte muss attraktiv sein, sodass nicht der Großteil der jungen Menschen von dort weg will oder muss. Zweitens: Wir brauchen mehr Wohnungen. Und dabei geht es nicht um irgendwelche Wohnungen. Teure Wohnungen, die als Renditeobjekte für Investoren dienen, lösen das Problem nicht. Wir brauchen bezahlbaren Wohnraum für Menschen mit niedrigem und mittlerem Einkommen. Und das heißt ganz klar: Vorrang für den sozialen Wohnungsbau in staatlicher Hand oder für Genossenschaften. Dafür muss die öffentliche Hand eine viel aktivere Rolle spielen und darf Grundstücke im öffentlichen Besitz nur noch für bezahlbaren Wohnraum veräußern, Baugenehmigungen nur noch dann erteilen, wenn es eine spürbare Quote an sozial gebundenen Wohnungen gibt. Und vor allem: mehr sozialen Wohnraum schaffen. Der massenhafte Verkauf öffentlicher Wohnungen in den letzten Jahrzehnten war einer der größten sozialpolitischen Fehler. Der Markt wird diesen Irrtum sicher nicht korrigieren können. Hier sind der Staat und die Kommunen gefragt.

Es wäre jedoch falsch, das Problem sozialer Spaltung auf ökonomische Kategorien zu verkürzen. Welche Lebenschancen jemand hat, hängt zwar maßgeblich von den ökonomischen Ressourcen ab, sprich, über wie viel Geld und Eigentum jemand verfügt. Es geht aber auch um das, was der französische Soziologe Pierre Bourdieu soziales und kulturelles Kapital genannt hat. Verfügt jemand über ein gutes persönliches Netzwerk, Bildung und den richtigen »Habitus«, kann er damit den eigenen Status verbessern. Fehlen dieses Netzwerk und die Fähigkeit, sich kulturell anzupassen, entsteht daraus ein Nachteil. Die häufig angesprochenen »Modernisierungsverlierer«, die aufgrund des technischen sowie ökonomischen Wandels und der intensiveren globalen Arbeitsteilung Nachteile erfahren, spüren dies nicht allein dadurch, dass ihre bisherigen Arbeitsplätze bedroht oder bereits weggefallen sind. Nein, der Wechsel in die meist schlechter bezahlten Dienstleistungsjobs bedeutet nicht nur ein reduziertes ökonomisches Kapital, sondern geht oft auch mit einer Entwertung des angesammelten kulturellen Kapitals einher: Fähigkeiten und Kenntnisse, die an einem industriellen Arbeitsplatz für die Stellung im Betrieb und sozialen Umfeld entscheidend waren, helfen im Dienstleistungssektor vielmals nicht weiter. Sind in der Fertigung etwa spezielle technische Fähigkeiten und Wissen über Produktionsabläufe gefragt, so zählen im Service, Handel oder in der Humandienstleistung eher soziale Kompetenzen, die nicht von allen ohne Weiteres erworben werden können. Diese Erfahrung der kulturellen Entwertung eigener Fähigkeiten ist ebenfalls eine Form von sozialer Spaltung. Deshalb muss sich in meinen Augen eine umfassende Sozialpolitik nicht nur um einen ökonomischen Ausgleich, sondern auch um Anerkennung für alle sorgen.

Aber nicht nur Individuen, sondern auch Regionen und ganze Sozialräume können von sozialer Spaltung betroffen sein. Besonders in Gebieten, die unter sinkenden Bevölkerungszahlen leiden, kann sich ein Gefühl des Abgehängtseins breitmachen. Der Grund dafür liegt nicht unbedingt darin, dass dort besonders viele Menschen mit geringem Einkommen wohnen. Die Armut drückt sich hier nicht durch den Kontostand aus, eher schon durch den Umstand, dass es im Wohnort keine Bankfiliale gibt, wo man Geld abheben kann, keinen Bäcker oder Metzger, keine Arztpraxis und keine öffentliche Verwaltung. Ein schlechtes ÖPNV-Angebot und langsames Internet komplettieren das Gefühl, an diesem Ort abgehängt zu sein. Auch das Kino hat schon lange zugemacht, und kulturelle Aktivitäten finden kaum noch statt.[45] Ich finde, ein Staat, der sich als Sozialstaat begreift, darf dabei nicht tatenlos zusehen. In Teilen Österreichs oder der Schweiz geht man einen anderen Weg und verhindert durch entsprechende öffentliche Investitionen und Angebote, dass Orte nach und nach aussterben. Wer dort einmal mit Bus und Bahn unterwegs war, weiß, wovon ich spreche. Kleine Schulen erhalten, bessere Busverbindungen und endlich überall schnelles Internet – das sind wichtige Voraussetzungen. Aber warum gehen wir nicht noch einen Schritt weiter? Warum bieten wir in solchen Orten keine staatlich geförderten Gemeindezentren an, in denen man montags Bankdienstleistungen in Anspruch nehmen kann, dienstags der Arzt seine Sprechstunde abhält, mittwochs Behördengänge erledigt werden können und dazu noch ein Dorfladen unterhalten wird? Abends darf dort der Chor proben, und am Wochenende können Ausstellungen des Kunstvereins vor Ort veranstaltet werden. Die öffentliche Hand stellt die Infrastruktur, die private sowie öffentliche Dienstleister gemeinsam nutzen können, ohne dass jeder für sich dauerhaft eine eigene Praxis oder ein eigenes Geschäft vorhalten muss. Wenn sich Dinge ändern, muss man eben nach neuen Lösungen suchen. Ich glaube, wir müssen öffentliche Institutionen stärker als Stabilisatoren in den heutigen Umbruchszeiten sehen. Dazu gehören sie gut ausgestattet und müssen für den Menschen da sein. Deswegen finde ich die Überlegungen hoch spannend, der Schuldenbremse eine Investitionsregel an die Seite zu stellen. Damit der Staat wieder mehr Zukunftsinvestitionen tätigt und der Handlungsspielraum jüngerer Generationen durch eine marode Infrastruktur nicht mehr weiter gefährdet ist.

Viele der beschriebenen Maßnahmen kosten Geld, manche eher wenig, andere mehr. Es ärgert mich, wann immer ich von der »sozialen Hängematte« lese oder Leute rummotzen, dass man »den faulen Säcken das Geld hinterherschmeißt«. Ich finde, wir müssen von der Vorstellung wegkommen, es gehe um Almosen für Bedürftige oder – noch schlimmer – für Faule. Es geht darum, die Bedingungen für ein freies und selbstbestimmtes Leben für alle zu garantieren. Daran müssen sich die Einnahmen des Staates und die Höhe der Steuern orientieren – nicht an den Vorlieben Einzelner. Eine Politik, die sich danach ausrichtet, was für die gesamte Gesellschaft gut ist, und Einzelinteressen die Stirn bietet, führt uns nach meiner festen Überzeugung in eine bessere Zukunft. Das berühmte Zitat aus der Antrittsrede von John F. Kennedy, wonach jede und jeder zuerst danach fragen soll, was man für Staat und Gesellschaft tun könne, gilt nicht nur für diejenigen, die wenig haben. Denn, wie es Kennedy in seiner Rede am 20. Januar 1961 formuliert hat: »If a free society cannot help the many who are poor, it cannot save the few who are rich.« – Eine freie Gesellschaft, die den Benachteiligten nicht hilft, kann auch die Reichen nicht retten.

II. Ohne Haltung geht es nicht

Herz auf, Angst raus

Das erste und bisher einzige Mal im Landtag geweint habe ich am Tag der Wahl von Donald Trump. Ich war geschockt, wütend und konnte es nicht glauben, als in der Nacht vom 8. auf den 9. November 2016 Donald Trump am Ende mehr Wahlmänner und -frauen auf sich vereinen konnte. Der Abend hatte gut begonnen – ich war auf der Wahlparty des Amerikanischen Generalkonsulats im Bayerischen Landtag: Hillary Clinton lag in den Hochrechnungen und ersten Auszählungen vorne, ich aß Cookies und Softice, trank vergnügt meine Coke und entschloss mich dann irgendwann, doch heimzugehen. Bevor ich mich aber tatsächlich hinlegte, blickte ich noch mal aufs Handy – und da war es mit dem Schlaf vorbei. Auf einmal färbten sich immer mehr Staaten rot ein, und die Stimmen der Kommentatoren wurden immer sorgenvoller. Am nächsten Morgen dann Innenausschuss: Ich hatte tiefe Augenringe, tausend Fragen im Kopf und Antworten von meinen Kollegen, die meinten: »Ach, so schlimm wird es bestimmt nicht.« Wie man zu dieser Fehleinschätzung kommen konnte, frage ich mich bis heute.

Am Nachmittag des 9. November 2016 trat dann Hillary Clinton vor die Presse. Ich saß gerade in meinem Büro und schaltete natürlich den Livestream an. Und dann kullerten mir die Tränen übers Gesicht, denn ihre Worte haben mich tief berührt. Was für eine starke Frau! Wie unglaublich schwer muss diese Rede für sie gewesen sein, aber sie hat sie mit innerer Größe gehalten. Und sie hat Hoffnung gemacht: »An all die kleinen Mädchen, die das hier sehen; zweifelt niemals daran, dass ihr wertvoll seid und stark. Dass ihr jede Chance und Möglichkeit dieser Welt verdient, um eure eigenen Träume zu verfolgen und zu erreichen.« Da wurde mir erst so richtig klar, was hier gerade passiert war. Anstatt einer kompetenten und erfahrenen Frau als nächste US-Präsidentin haben wir Donald Trump. Bis heute schier unfassbar.

Ich glaube, so wie mir erging es vielen Menschen. Und nicht nur deshalb haben die meisten zu Recht das Gefühl, die ganze Welt sortiere sich neu. Vieles, was bislang als selbstverständlich erschien, ist jetzt fraglich. Und was so gut wie ausgeschlossen war, ist es auf einmal nicht mehr – im Positiven wie im Negativen: Bald gibt es in den Ozeanen mehr Plastik als Fische. Die Briten steigen aus der EU aus. Schwule und Lesben dürfen heiraten. Hitzerekorde werden normal. Die Zahl der Insekten nimmt dramatisch ab. Im Mittelmeer ertrinken Tausende Flüchtlinge. In Hollywood und anderswo wehren sich Frauen gegen sexuelle Übergriffe. Deutschland fliegt bei der Fußball-WM in der Vorrunde raus, und die CSU verliert in Bayern die absolute Mehrheit. Und dann ist da noch die Digitalisierung: Nehmen uns die Maschinen die Arbeitsplätze weg? Und wie gehen wir mit all den Umwälzungen um? Nehmen wir sie an und sehen sie als Herausforderung? Oder wehren wir uns dagegen und empfinden sie als Bedrohung?

Wir erleben eine Zeit der Veränderung. Das ist einerseits unglaublich spannend, weil sich die Chance bietet, Dinge zu verändern und Überkommenes über Bord zu werfen. Andererseits ist alles aber auch sehr unübersichtlich. Denn es ist keineswegs klar, in welche Richtung alles geht und wie es dann sein wird. Und so greift eine Verunsicherung in unserer Gesellschaft, in unserem Staat um sich. Diese Unsicherheit setzt Energien frei und eröffnet Spielräume, allerdings gibt es auch den legitimen Wunsch nach Verlässlichkeit und Berechenbarkeit. Und manche von uns haben vor Veränderungen einfach Angst. Sie wünschen sich, dass alles so sein möge wie früher – weniger, weil früher alles gut war, eher schon, weil es sich um bekanntes Terrain handelt. Wer Angst hat, ist aber nicht frei, sondern getrieben. Und wird leicht zum Opfer derjenigen, die vorgaukeln, man könne gesellschaftliche Veränderungen rückgängig machen und in eine vermeintlich bessere historische Gesellschaft zurückkehren. Die Übersichtlichkeit, die hier versprochen wird, endet jedoch in der Regel in Unmenschlichkeit und autoritärem Denken.

Ereignisse wie in Chemnitz, wo Hunderte Rechtsextreme Jagd auf Menschen machten, von denen sie annahmen, sie seien keine Deutschen, die Gewinne rechtsnationaler und autoritärer Parteien in Europa, der Brexit und die Wahl von Donald Trump – das alles zeigt: Es gibt eine starke politische und gesellschaftliche Strömung, die auf die vermeintlichen Zumutungen der Moderne nur eine Antwort hat, nämlich »Gain back Control« – »Kontrolle zurückgewinnen«. Der Kontrollverlust ist für die Anhänger*innen dieser Weltanschauung das Problematische. Die Kontrolle wiederherzustellen die Lösung. Der Preis, den die Gesellschaften dafür zahlen müssen, ist gewaltig. Denn was diese Art von Kontrolle in praktische Politik umgesetzt bedeutet, lässt sich in Ländern wie Ungarn oder Polen beobachten. In Ungarn spricht Ministerpräsident Orbán offen von einer illiberalen Demokratie. Der Pluralismus, die freien Medien, Freiheit von Wissenschaft und Kunst werden schrittweise abgeschafft. Es gibt keine regierungsunabhängigen Medien mehr, die Hochschulen und die Forschung werden reglementiert. In Polen wiederum wird systematisch die Unabhängigkeit der Gerichte eingeschränkt und somit ein wesentliches Element des demokratischen Rechtsstaats zerstört. Man propagiert eine kulturelle Homogenität, die historisch nie so bestanden hat. Jetzt aber wird sie zum ideologischen Fixstern erhoben, dem sich letztlich alles und alle unterzuordnen haben. Dazu kommt ein äußerst rigides Grenzregime.

Elemente dieses national-autoritären Programms findet man leider als Lightversion auch in meiner Heimat Bayern. Per Gesetz Kreuze in die Amtsstuben hängen, eine neue bayerische Grenzpolizei, mehr Grenzkontrollen, Zurückweisungen von Flüchtlingen, rigorose Abschiebungen in Kriegs- und Krisengebiete, Durchgriffsmöglichkeiten für die Polizei auf Kosten der Bürgerrechte durch das neue Polizeiaufgabengesetz, das Gerede von der Leitkultur. Bayern ist ein vielfältiges, ein plurales Land. Die allermeisten Menschen haben nicht die geringste Lust, sich vorschreiben zu lassen, was sie glauben, wie sie leben und wen sie zu lieben haben. Und dennoch hat sich die damalige Landesregierung 2017 und 2018 zu einer Politik der Angst entschieden und die oben skizzierten Maßnahmen durchgesetzt.

Aber wie schaffen wir es, diese einfachen, populistischen und gefährlichen Erzählungen zu unterbrechen, damit wir nicht in die Vergangenheit, sondern in die Zukunft schauen, auch wenn sie durchaus anstrengend ist, wie der von mir sehr geschätzte Soziologe Armin Nassehi richtig feststellt?[1] Eine traditionell linke Antwort wäre es, auf mehr Umverteilung zu setzen. Materielle Sicherheit, so heißt die Idee, macht die Menschen immun gegen die Versuchungen aus der rechtspopulistischen Ecke. Ich glaube, diese Antwort trägt nicht sehr weit. Wir müssen uns nur die Ergebnisse der Wahlen in den letzten Jahren ansehen. Es waren eben nicht hauptsächlich die sozial Ausgegrenzten, die AfD gewählt haben. Wir haben es hier mit einem kulturellen Konflikt zu tun, weniger mit einem sozialen.[2] Das schmälert übrigens nicht die Bedeutung einer wirksamen und verantwortlichen Sozialpolitik. Natürlich müssen wir gute Sozialpolitik machen! Nur ist Sozialpolitik eben ein Mittel, für mehr Gerechtigkeit in der Gesellschaft zu sorgen, und weniger ein Instrument, um den Rechtspopulismus in seine Schranken zu weisen. Wir sollten hinterfragen, warum das Vertrauen in die Institutionen und die politischen Verantwortlichen sinkt: »Der mentale Mix aus Angst und der Sorge vor gesellschaftlicher Veränderung bleibt nicht ohne Folgen: Ein Gefühl des Kontrollverlusts und damit der Zweifel daran, gesellschaftlichen Herausforderungen überhaupt noch adäquat begegnen zu können, wächst in einigen Bevölkerungsgruppen zumindest temporär. Hinzu kommen Neid sowie Ressentiments gegenüber dem Neuen und Fremden. Zugleich – das legen verschiedene empirische Befunde nahe – sinkt das Vertrauen in die Problemlösungskompetenz der politischen Institutionen und wächst die Politikverdrossenheit. In einer solchen Stimmung liefern populistisch orientierte Politiker den Unzufriedenen, Ängstlichen, Verunsicherten und Wütenden scheinbar einfache Antworten, die auf eine Überwindung der neuen Unübersichtlichkeit zielen.«[3]

Aus dieser sehr treffsicheren Analyse des Instituts für angewandte Sozialwissenschaft (infas) folgt, dass wir uns stärker mit dem Phänomen Angst als politische Kategorie beschäftigen müssen. Ich bekomme diese Ängste der Bürger bei politischen Veranstaltungen und Diskussionen ja hautnah mit: Sie sind aufgebracht und resigniert, weil einfache Dinge nicht mehr richtig klappen. Sie sind enttäuscht von der Verwaltung und fühlen sich dort zu Unrecht gegängelt ... Manches ist ungerechtfertigt, einiges nicht. Im Großen und Ganzen hat das natürlich immer mit der Angst vor Kontrollverlust zu tun. Betrachtet man das in der Theorie, so landet man bei Aristoteles, der Angst als Schmerz definiert aufgrund einer bevorstehenden schlechten Sache und des Gefühls, keine Macht zu haben, um sie abzuwehren.[4] Angst ist aber Teil der menschlichen Existenz und somit Bestandteil unseres Lebens. Es kann also nicht darum gehen, Angst als solche zu eliminieren; das wird nicht möglich sein. Allerdings stellt sich mir die Frage, was wir tun können, damit die Angst nicht zum dominanten Motiv der politischen Debatte wird und so die Weiterentwicklung und den gesellschaftlichen Fortschritt verhindert – weil aus lauter Angst kaum noch nötige Veränderungen durchsetzbar sind.

Jeder und jede hat gelegentlich Angst. Angst um geliebte Menschen, Angst vor einer Prüfung, Angst, wenn man den Job oder den Wohnort wechselt. Mir fallen auf die Schnelle unendlich viele Situationen ein, in denen ich selbst Angst habe und hatte. Angst vor meiner ersten Rede im Bayerischen Landtag am 28. Januar 2014 zum Thema »bayernweite Volksbefragungen«, bei der ich wusste, dass nicht alle Abgeordnetenkolleg*innen meine Idee, statt einer unverbindlichen Volksbefragung lieber das Petitionsrecht zu ändern, super fanden. Und ich wusste, meine Rede wird aufgezeichnet, stenografiert – und war natürlich hypernervös. Angst vor meiner ersten Reise alleine nach Florida in eine Sprachenschule. Angst vor meiner ersten großen Fernsehdiskussion bei *dunja hayali* im Juli 2018 zum Thema »Migration«. Was mir dabei aber immer geholfen hat, war die klare Erkenntnis: Das kalte Wasser wird nicht wärmer, wenn man später springt. Denn die Angst ist ja die vor einer Situation mit ungewissem Ausgang, den man selbst nicht kontrollieren kann. Man kann der Angst natürlich nachgeben und eine Vermeidungshaltung einnehmen, indem man davonläuft oder die Chance auf einen beruflichen oder privaten Neuanfang sausen lässt. Häufig redet man sich den Status quo dann schön: So schlecht ist mein derzeitiger Job ja gar nicht. Oder man relativiert Bedrohungen und legitimiert so eine Verhaltensänderung. Dieses Verhalten im Umgang mit Ängsten gibt es nicht nur auf der persönlichen, sondern auch auf der politischen Ebene. Sprechen alle Fakten für Veränderung, zweifelt man sie an, um die Angst vor dem ungewissen Ausgang oder die gefühlte Machtlosigkeit zu adressieren. Die Klimaüberhitzung ist dafür ein prominentes Beispiel. Alle ernst zu nehmenden wissenschaftlichen Untersuchungen sagen: Ja, die Erdatmosphäre heizt sich auf. Ja, die Menschen sind die Verursacher. Ja, die ganze Welt muss entschlossen gegensteuern, weil es sonst zu verheerenden Auswirkungen kommt. Aber anstatt sich zu überlegen, was wir tun können, verlegt sich ein Teil der Menschen darauf, entweder zu sagen: »So schlimm wird es schon nicht werden …«, oder gar die Fakten zu leugnen. Und das ist fatal. Weil der größere Teil nun ständig damit beschäftigt ist, die tausendste Widerlegung zu machen, die der Großteil der Leute eh nicht hören will. Dadurch verlieren wir allesamt viel zu viel Energie und Zeit, die wir brauchen, um an den wirklichen Lösungen zu arbeiten!

Und dann gibt es auch die Möglichkeit, die Angst in produktive Energie umzuwandeln und sich auf Neues einzulassen. Auf der persönlichen Ebene findet das zum Beispiel statt, wenn jemand den Schritt in die Selbstständigkeit wagt, womit man natürlich auch scheitern kann. Oder falls man eine Partnerschaft, die man schon länger als belastend empfindet, beendet – anstatt in ihr zu verharren. Wer bereit ist, Dinge anders zu machen als bislang, weil sich die Voraussetzungen geändert haben, begeht zwangsläufig Fehler. Aber ist das so schlimm? Eigentlich doch nicht. Aber warum werden Fehler bei uns als schlecht angesehen? Und warum kann mancher Fehler so schlecht zugeben? Warum hören wir in einem Interview fast nie mal jemanden sagen: »Ich weiß es nicht«? Diese Fragen stelle ich mir oft. Wir leben in einer Gesellschaft, wo »man so etwas nicht tut«. Dabei ist das doch total menschlich.

Als ich Anfang 2018 die ersten Male an *Town Hall Meetings* teilgenommen habe – das sind Veranstaltungen, die in verschiedenen Städten stattfinden und in denen die Politiker*innen »in der Manege« stehen und die Zuschauer*innen alle möglichen Fragen stellen können –, hatte ich echt Panik: Was kommen da für Fragen? Kann ich die überhaupt alle beantworten? Vor lauter Angst hab ich ewig viele Zahlen auswendig gelernt und unzählige Positionspapiere immer wieder aufs Neue durchgelesen. Eines Tages war es dann so weit: Ich wurde was gefragt und hatte keine Antwort parat. Als Bayerin mit Berliner Schnauze hätte ich natürlich irgendwas erzählen können. Das wollte ich aber nicht. Stattdessen habe ich einfach gesagt: »Das weiß ich nicht, aber ich liefere es gerne nach.« Und: Es war gar nicht schlimm!

Dies ist natürlich nur ein kleines Beispiel, aber meiner Meinung nach können wir uns nur weiterentwickeln, wenn unser Land und die Bürger*innen in der Lage sind, Unsicherheiten auszuhalten – persönlich wie politisch. Das hört natürlich nicht jeder gern. Unsicherheiten zulassen ist etwas, was wir verlernt haben. Aber sie gehört zum Leben dazu. Wollen wir als Gesellschaft der Angst vor Veränderungen die Stirn bieten, müssen wir danach fragen, welche Voraussetzungen dabei hilfreich sind. Und dazu sollten wir als Erstes die Angst selbst unter die Lupe nehmen, die in erster Linie ein individuelles Problem ist: »Um Angst zu spüren, braucht man keine Gesellschaft; man braucht nur sich selbst und eine bedrohliche Welt. Angst ist in der Tat sehr narzisstisch.«[5] Deshalb ist persönliche und gesellschaftliche Anerkennung wohl das wichtigste Mittel, das ein Umschlagen von Angst in destruktives Verhalten verhindern kann. Die Erfahrung, mit seinen Ängsten nicht allein dazustehen, hilft, die Angst zu akzeptieren und zu überwinden. Dabei können einem die unterschiedlichsten Leute unterstützen: Bei manchen ist es die Familie, bei anderen sind es enge Freunde – nicht jeder hat ein gutes Verhältnis zu seiner Familie –, und zuweilen sind es auch einfach Fremde, die einem in einer beängstigenden Situation Mut machen. Wie bei mir, als ich 15-jährig meine erste große Reise nach Florida antrat und am Flughafen von Orlando aufgrund vieler Verspätungen nicht von meiner Gastmutter abgeholt wurde. Es war spät in der Nacht, ich stand müde und mutterseelenallein da, verstand nur immer mal wieder ein paar Brocken Englisch der vorbeihastenden Leute und versuchte schließlich die mir noch unbekannte Gastmutter von einer Telefonzelle aus zu erreichen (damals gab es ja noch kein Handy). Die war der Ansicht, ich solle doch einfach ein Taxi zu ihr nehmen. Gesagt, getan – nur war ich zu diesem Zeitpunkt schon total durch den Wind. Schließlich kannte ich das Land nicht, verstand den amerikanischen Slang nicht so gut und wäre am liebsten sofort wieder nach Hause geflogen. Der Taxifahrer, der mich dann zu meiner amerikanischen Gastmutter brachte, hat das anscheinend gespürt und war wahnsinnig nett zu mir. Er hat mit mir viel geredet, Witze gemacht, mir einiges über Orlando erklärt und mir erzählt, was für eine tolle Stadt das sei. Hier würde ich mich bestimmt bald heimisch fühlen … Irgendwann kam ich dann auch bei meiner Gastmutter an – und alles war gut.

Unsicherheit zuzulassen ist eine Voraussetzung dafür, dass die Angst einen nicht kontrolliert. Eine zweite Notwendigkeit sind gleiche Rechte und gleiche Würde, unabhängig vom sozialen Status. Wo der soziale Status über das Ausmaß von Recht und Würde entscheidet, agiert der Einzelne angstbesetzt, weil ein Statusverlust nicht nur eine soziale Frage ist, sondern die gesamte Existenz infrage stellt. Egalitäre Gesellschaften haben hier einen deutlichen Vorteil, da sie nicht so stark von Abstiegsängsten dominiert werden.[6] Eine dritte und wichtige Voraussetzung ist die Fähigkeit zur Empathie: Nicht nur ich habe gelegentlich Angst, sondern alle anderen ebenfalls. Nicht nur ich bin vielleicht unsicher, wenn ich fremd aussehenden Menschen begegne, auch ich sehe für die anderen vielleicht seltsam fremd aus und löse womöglich ähnliche Gefühle aus. Wie ich in einer angstbesetzten Situation reagiere, hängt unter anderem von vergangenen Erfahrungen ab. Habe ich mich früher häufiger für das »Risiko« entschieden, für den ungewissen Ausgang und musste im Fall des Scheiterns von meinem Umfeld Häme ertragen, werde ich mich künftig eher dagegen entscheiden, mutig nach vorn zu gehen. Scheitern ist kein Makel, sondern der Beleg dafür, es versucht zu haben. Wie viel Fortschritt gäbe es wohl in der Wissenschaft, wenn die Forscher*innen aufgeben, sobald sie an einer Stelle scheitern? Es ist nicht problematisch zu scheitern, es ist problematisch aufzugeben und es nicht wieder zu versuchen. Auch bei mir gibt es gelegentlich Tage, da würde ich am liebsten alles hinschmeißen. Aber das entspricht nicht meinem Naturell, und so wurde ich nicht erzogen. Manche Sachen muss man einfach durchstehen.

Deshalb sollte es in unserer Gesellschaft selbstverständlich sein, dass man durch Scheitern nicht die soziale Anerkennung verliert, sondern im Gegenteil dazu ermutigt wird, weiter den Weg nach vorn sucht. Und das meine ich nicht nur in Bezug auf unternehmerische Aktivitäten, nein, das müsste auch in der Politik der Fall sein. Wir leben in einer nicht ganz einfachen Gemengelage, in der wir auf Kreativität angewiesen sind. Wenn jemand mit einer unkonventionellen Idee um die Ecke kommt, sollten wir sie uns erst einmal anschauen, statt sie gleich zu verdammen. Ich erinnere mich noch gut an die Situation, als ich 2010 Vorsitzende der Münchner Grünen war: Schon damals ächzte München unter dem massiven Autoverkehr und dem wenigen Platz für Fahrräder, für Fußgänger*innen, zum Spielen, Toben und Verweilen. Die Lösung wäre gewesen, mehr Platz zu schaffen; sprich Parkplätze in Ruheoasen umzuwandeln, Autospuren zu Radwegen umzufunktionieren und, und, und. Demzufolge forderte ich die autofreie Altstadt als ersten Schritt, aber sofort kamen die Bedenkenträger wie Pilze aus dem Boden geschossen. Das geht nicht, das funktioniert nicht, das ist illusorisch – hieß es. Neun Jahre später haben die Parteien im Münchner Stadtrat endlich eine entsprechende Initiative vorangebracht. Geht nicht? Geht doch! Vielleicht funktionieren neun dieser Ideen nicht, aber die zehnte bringt uns einen Schritt nach vorn. Das

Vertrauen in mein Umfeld hilft mir, die Angst produktiv aufzulösen. Und Vertrauen in eine politische Führung und in das Funktionieren der politischen Institutionen unterstützt unsere Gesellschaft dabei, sich weiterzuentwickeln. Wenn ich als Bürger*in von den politisch Verantwortlichen permanent gesagt bekomme, unsere Ordnung sei bedroht, es gebe eine »Herrschaft des Unrechts«[7]; wenn vor jeder Veränderung gewarnt wird, weil sie die Stabilität gefährde, dann wird mich das eher dazu bringen, dass ich ängstlich verharre. Lebe ich auf dem Land und ruckelndes Internet sowie Funklöcher bestimmen meinen Alltag, fange ich vielleicht auch an, am Sinn der Digitalisierung zu zweifeln. Ob eine Gesellschaft in Angst verharrt, sich Veränderungen verweigert und damit ein toxisches gesellschaftliches Klima entsteht, ist also auch von der politischen Führung abhängig: je nachdem, ob sie Ängste verstärkt oder Mut macht und den Blick über den engen Horizont der Angst hinaus zu öffnen weiß.

Sosehr ich auch eine Politik schätze, die auf Fakten und wissenschaftlichen Erkenntnissen fußt – am Ende bleibt immer ein kleiner Interpretationsspielraum. Ist das Glas halb voll oder halb leer? Genau hier entscheidet sich, ob politische Führung Hoffnung verbreitet und Mut gibt, Veränderungen zu wagen. Oder ob sie mit Verweis auf Unsicherheiten und Probleme dem Verharren im Status quo das Wort redet oder sich gar in die Vergangenheit zurückzieht. So oder so werden durch die Haltung der politischen Führung Zeichen gesetzt: Geben wir Hoffnung und Mut, befördern wir eine Haltung der »praktischen Hoffnung«[8], um die anstehenden Aufgaben zu bewältigen. Oder verbreiten wir Angst und »ent-mutigen« damit. Ich bin ganz klar für die erste Variante. Mut geben statt Angst machen. Befähigen statt demotivieren und sich von Widrigkeiten nicht aus der Bahn werfen lassen – das ist meine Prämisse. Im Jahr 2011 kam die Idee auf, den Bau einer dritten Startbahn am Flughafen München mit einem kommuna-

len Bürgerentscheid der Münchner zu stoppen. Der Flughafen liegt nicht im Stadtgebiet München, sondern im Land-
kreis Freising, weshalb das eigentlich ausgeschlossen ist. Aber
eine Besonderheit im Gesellschaftervertrag hat es möglich
gemacht: Grundlegende Entscheidungen bedürfen der ein-
stimmigen Zustimmung aller drei Gesellschafter, nämlich des
Bundes, des Landes Bayern und der Stadt München. Die Stadt
hatte also ein Vetorecht gegen den Bau der dritten Startbahn.
Eine verwegene Idee: Die Bevölkerung in München spricht
sich gegen den Bau der Startbahn aus, um den Menschen in
Freising noch mehr Lärm und Dreck zu ersparen. Tatsächlich
war die Skepsis zu Beginn groß. Ich erinnere mich noch gut
an meinen ersten Besuch beim Bündnis der Bürgerinitiativen
vor Ort. Viele gestandene Kämpferinnen und Kämpfer gegen
die Startbahn waren anwesend – und dann kommt das »Mä-
del aus der Stadt«. Die Blicke waren skeptisch, die Wortmel-
dungen ebenso, und ich weiß noch genau, was ich dachte, als
ich in der S-Bahn auf dem Heimweg saß: Verdammt, diesen
Bürgerentscheid musst du gewinnen! Das erwarten die Menschen vor Ort. Wäre der Bürgerentscheid in München verloren gegangen, hätte das für den Widerstand einen herben
Rückschlag bedeutet. Also haben wir angepackt, 35 000 Un-
terschriften im Regen, im Schnee und in der Kälte gesammelt;
Aktionen veranstaltet, vor der Staatskanzlei gecampt und die
Attacken der finanzstarken Gegner pariert. Und vor allem haben wir uns nicht entmutigen lassen, uns alle zusammenge-
rauft – und den Bürgerentscheid schließlich gewonnen! Bis
heute gilt das Motto der Kampagne: Zwei Startbahnen reichen. Und jedes Jahr am 17. Juni, am Tag des gewonnenen
Bürgerentscheids, treffen wir uns. Und feiern. Und freuen
uns. Denn was wir 2012 geschafft haben, schweißt uns noch
heute zusammen.

Wir sind nicht allein

Die Frage, ob und wie ich andere und deren Bedürfnisse mitdenke, ist hierzulande vom »christlichen Gebot der Nächstenliebe« und von einem aus »moralischen Prinzipien abgeleiteten Handlungsgebot« geprägt. Vereinfacht gesagt, kann ich Immanuel Kants kategorischen Imperativ mit der *Goldenen Regel* übersetzen: »Was du nicht willst, das man dir tu, das füg auch keinem anderen zu.« Weniger verbreitet ist hingegen die Erkenntnis, dass uns die Empathie, das Mitfühlen oder Mitleiden mit anderen Menschen angeboren ist – und zwar durch die Existenz der sogenannten Spiegelneuronen. Wenn ich lese, dass Sanitäter*innen und Feuerwehrleute angegriffen werden, werde ich wütend. Wenn mein Bruder seine Klausuren schreibt, bin ich aufgeregt. Sobald ich das Foto von Aylan Kurdi in seinem roten T-Shirt und der blauen Hose sehe (der kleine Junge, der an den Strand gespült worden ist), zerreißt es mir das Herz.

Und ich bin super im Mitheulen bei Filmen und Serien. Gebt mir ein Taschentuch und ich bin dabei! Wir sind also alle soziale Wesen, und zwar nicht, weil uns eine Religion oder eine Moralvorstellung dazu nötigt, sondern weil es neuronal in unserem Körper und Bewusstsein so angelegt ist. Wir lernen über Imitation und entwickeln unseren Weltbezug nicht als Monaden, sondern in der Interaktion mit anderen Menschen.[9] Diese Erkenntnisse der Hirn- und Kognitionsforschung haben weitreichende Auswirkungen auf unser Selbstverständnis und unseren Weltbezug. Ob dadurch wirklich ein Zeitalter der Empathie anbricht[10] und der cartesische Dualismus – also die strikte Trennung von Leib und Seele – ad acta gelegt ist,[11] mögen die Philosoph*innen ausdiskutieren. Tatsache ist aber, dass sich die jüngsten Erkenntnisse der Hirnforschung und der Kognitionswissenschaften auf unseren Begriff der Freiheit, auf unser Verständnis von Interaktion und Gesellschaft sowie auf unsere politischen Ziele auswirken: »Die Fähigkeit des intellektuellen und emotionalen Verstehens von anderen beruht offenbar zu einem nicht unerheblichen Teil auf angeborenen Fähigkeiten zu Mimikry und auf basalen neuronalen Möglichkeiten, die uns das bei anderen beobachtete Verhalten wie das eigene Handeln erleben lassen. Soziale Wesen wie Menschen leben in einer Welt voll empathischen Lärms, sodass sie unwillkürlich fortwährend die Perspektiven von anderen einnehmen.«[12]

Wenn es also stimmt, dass wir eben nicht nur autonome Wesen sind, sondern Empathie und Interaktion mit anderen Menschen elementarer Bestandteil unserer Existenz sind, dann erwächst daraus auch ein politischer Auftrag – finde ich. Das heißt natürlich nicht, dass wir unser politisches Gemeinwesen völlig neu denken müssen. Wir fühlen und leiden zwar mit anderen mit, aber es gibt einen Unterschied zwischen Fühlen, Denken und Handeln, denn die Existenz von Spiegelneuronen macht uns nicht zu einer Art Bioroboter ohne Freiheit.[13] Ein adäquater Begriff von Freiheit würde dann bedeuten, nicht mehr von einem Menschenbild auszugehen, bei dem jeder nur auf seinen eigenen Vorteil aus ist – und der Staat deshalb ein »Leviathan« sein muss, der dem Egoismus Grenzen setzt. Er würde vielmehr dem sozialen Wesen des Menschen entsprechen, in dem das Gemeinschaftliche und der Gemeinsinn gestärkt werden, anstatt Interaktion immer nur als Konkurrenz mit dem Ergebnis einer Über- und Unterordnung zu verstehen. Das bringt übrigens auch ein viel entspannteres Leben mit sich: eben ein Miteinander statt ein Gegeneinander.

Und er würde auch davon ausgehen, dass nicht nur der Gemeinsinn, sondern auch die Urteilskraft und das Vermögen, sich selbst als eigenständige Person zu definieren und zu behaupten, gestärkt werden. Der Mensch ist sowohl Individuum als auch Teil eines Gemeinsamen. Und genau deshalb lässt uns das Schicksal anderer Menschen nicht kalt: das Schicksal derer, die vor Krieg oder Armut fliehen, die von Naturkatastrophen betroffen sind und Opfer von Gewalt werden. Aber wir fühlen auch mit, sobald das Schicksal es gut meint: wenn jemand aus einer gefährlichen Situation gerettet wird, wir glückliche Menschen sehen oder kleine Kinder, die sich über etwas freuen. Interessanterweise ist das Anteilnehmen vor allem dann gestört, wenn wir unter Stress stehen oder Angst haben.[14] Man könnte sagen, sobald wir Stress oder Angst empfinden, sind wir buchstäblich nicht mehr wir selbst – wir schalten in eine Art Alarmmodus. Tun wir dies als gesamte Gesellschaft, kommen wir damit in politisch problematische Situationen, etwa wenn die Angst vor Fremden die Empathie mit den persönlichen Schicksalen derer, die bei uns Hilfe suchen, abwürgt. Oder falls wir uns vergegenwärtigen, dass die fossile Energieerzeugung unser Klima ruiniert und wir deshalb davon wegmüssen – ohne in allen Details zu wissen, wie das funktioniert. Das erzeugt Stress, Angst und Abwehrreflexe, und genau daher ist es für den gesellschaftlichen Fortschritt wichtig, das Urteilsvermögen und die Resilienz der Einzelnen zu stärken. Denn nur dadurch führen Reize nicht zu Kurzschlusshandlungen, nur so schaffen wir ein günstiges Umfeld, das eine toxische Angst eindämmt.[15] Das Zurückdrängen der Angst und das Ermöglichen von Empathie werden von dieser Warte aus gesehen zu einer wichtigen Voraussetzung für unsere Freiheit: sowohl als Individuen aber auch als soziale Wesen.

Gerechtigkeit und Solidarität:
mehr als Umverteilung

Alle wollen, dass es gerecht zugeht. Die Bürger*innen erwarten eine gerechte Politik. Wer ein Verbrechen begangen hat, soll eine gerechte Strafe bekommen. Und die Forderungen nach gerechtem Lohn sind ebenso selbstverständlich wie die nach gerechter Benotung in der Schule. Bei so viel Einigkeit ist es schon verwunderlich, warum dermaßen über Gerechtigkeit gestritten wird: in der Politik, in der Arbeit oder auch in der Familie. Jede und jeder, der Geschwister hat, kennt beispielsweise den Streit, wer das letzte Stück Kuchen essen darf und warum man selbst immer zu wenig bekommt. Aber jenseits mehr oder weniger lustiger Anekdoten aus dem Alltag gibt es ein weiter reichendes Problem. Denn Begriffe wie Freiheit, Demokratie oder eben auch Gerechtigkeit gelten als »essentially contested concepts«, auf Deutsch: vom Wesen her umstrittene Begriffe. Es gelingt nämlich meistens äußerst gut und sehr schnell, sich auf diese Ziele zu einigen. Eine freie, eine gerechte und eine demokratische Gesellschaft wollen (fast) alle. Die Einigkeit ist aber in der Regel zu Ende, sobald es um die praktische Umsetzung in Form von Gesetzen, Maßnahmen oder Rechtsansprüchen geht. Dann wird schnell klar, dass verschiedene Menschen unterschiedliche Vorstellungen davon haben, was »gerecht« bedeutet. Gerechtigkeit ist zunächst eben nur ein Sammelbegriff, der ausreichend Raum für die unterschiedlichsten Wertvorstellungen bietet. Erst in der Konkretion wird deutlich, welche Werte genau die Mitglieder einer Gesellschaft damit verbinden. Auf der politischen Ebene beginnt dann der Kampf um die Deutungshoheit: Sind Steuern Beiträge, die ein funktionierendes Gemeinwesen überhaupt erst möglich machen? Oder eine Last, die uns fast erdrückt?[16] Ist es gerecht, wenn die Bewertungen der Kinder in der Schule sehr stark von der Herkunft abhängen und damit nur bedingt die eigene Leistung widerspiegeln? Welches Einkommen für eine Spitzenmanagerin, einen Sport- oder Filmstar ist gerecht?

Tatsächlich gibt es keine unumstrittene Definition des Begriffes Gerechtigkeit. Aber es besteht ein sehr starkes Bedürfnis der Bürger*innen, dass es in unserem Land gerecht zugehen soll. Deshalb müssen wir demokratisch aushandeln, also im Wettstreit von Ideen und Werten bestimmen, was gerechte Politik konkret heißt. Dabei spielt das subjektive Empfinden natürlich immer eine wichtige Rolle. Allerdings sind wir nicht nur Individuen, unsere Identität bildet sich auch als Teil einer Gesellschaft ab – und aus diesem Grund kann es nicht nur darum gehen, wer wie viel in Euro und Cent bekommt, sondern darum, nach welchen Kriterien wir Güter zuteilen. In den Medien wird über Gerechtigkeit hauptsächlich in Form der Verteilungsgerechtigkeit berichtet: Wie werden Menschen mit geringem Einkommen durch Transferleistungen unterstützt, damit sie in Würde leben können und ein Mindestmaß an Teilhabe möglich ist? Aber wie definieren wir dieses Mindestmaß an Teilhabe? Wer muss wie viel in Form von Sozialbeiträgen und Steuern beitragen, damit das finanziert werden kann?

Eine zweite Dimension der Gerechtigkeit ist die Chancengerechtigkeit. Was aus uns wird, hängt nicht nur von uns selbst ab, sondern von dem Umfeld, in das wir hineingeboren werden. Besonders augenfällig ist das bereits in den Schulen: Kinder aus Akademikerhaushalten, die zu Hause gut gefördert werden, haben deutlich bessere Chancen auf einen guten Bildungsabschluss als Kinder aus ärmeren Familien. Damals war es mir nicht klar, aber ich bin mir sicher, wenn meine Eltern nicht so dahinter gewesen wären, dass mein Bruder und ich die Ersten aus der Familie sind, die Abitur machen, wären wir vielleicht gar nicht aufs Gymnasium gegangen. Obwohl Kinder aus ärmeren Familien im Durchschnitt nicht weniger intelligent sind, haben sie schlechtere Chancen, weil ihre Talente nicht so gut unterstützt werden. Das bedeutet für ihr späteres Leben, dass sie häufiger schlecht bezahlte Berufe ausüben müssen, die weniger Chancen auf Selbstbestimmung bieten. Hier stellt sich die Frage, was Staat und Politik tun können, um dieses Chancendefizit zumindest zum Teil zu kompensieren. Als selbstbestimmte Wesen kommt es für uns aber ebenfalls darauf an, wie wir mit unseren Möglichkeiten umgehen. Wer mehr daraus macht, hat auch mehr Anerkennung verdient. Deshalb ist die Leistungsgerechtigkeit ebenfalls eine wichtige Dimension der Gerechtigkeit.

Wir leben in dem Land, das uns unsere Eltern überlassen, und für unsere Kinder gilt dasselbe in Bezug auf die heutige Generation. Ob das Land nun ökologisch intakt ist oder zerstört, ob die Infrastruktur zeitgemäß und in gutem Zustand ist oder baufällig und alt, ob die Staatsfinanzen geordnet sind oder die Schulden erdrückend – all das definiert die Chancen der jeweils kommenden Generationen auf ein gutes Leben. Und ein zufriedenes Leben, das wünsche ich mir nicht nur für mich, sondern auch für meinen Bruder, meine beiden Patenkinder, für uns alle. Ob es gerecht zugeht, definiert sich also nicht nur darüber, wie es hier und heute für uns aussieht, sondern auch darüber, was wir hinterlassen: Die Generationengerechtigkeit gehört zu einer gerechten Gesellschaft dazu. Ebenso wie die Geschlechtergerechtigkeit: Wenn die weibliche Hälfte der Gesellschaft rund ein Fünftel weniger Gehalt bekommt, Führungspositionen in Politik, Wirtschaft und Kultur hauptsächlich von Männern besetzt werden, Frauen aber immer noch den Großteil der (unentgeltlichen) Erziehungs-, Haushalts- und Pflegearbeit übernehmen, kann man schlecht von einem gerechten Zustand sprechen. Und letztlich leben wir mehr denn je in einer global vernetzten Welt. Die Industrienationen des Nordens haben über viele Jahrzehnte die weniger entwickelten Staaten vor allem als Rohstofflieferanten und Absatzmärkte gesehen und weniger als Regionen der Welt, in denen die dort lebenden Menschen ebenso das Recht auf ein Leben in Würde haben. Die globale Gerechtigkeit dürfen wir also ebenfalls nicht außer Acht lassen, wenn es um gerechte Politik geht.

Gerechtigkeit hat etwas mit Gleichheit zu tun. Bei politischen Wahlen und Abstimmungen zählt jede Stimme gleich viel. Vor Gericht haben alle Menschen das gleiche Recht, egal welchen sozialen Status sie besitzen. Auch bei den Pflichten gibt es Gleichheit: Alle müssen die Gesetze achten. Die rechtliche Gleichheit ist also unumstritten – nicht umsonst trägt die Justitia eine Augenbinde, weil sie ihre Urteile ohne Ansehen der Person trifft. Aber selbstverständlich unterscheiden sich Menschen auch, und zwar in vielfältiger Hinsicht: in ihrem Aussehen, in ihren Talenten, in dem, was ihnen wichtig ist und in vielen anderen Aspekten ihrer Persönlichkeit und ihres Lebens. Die einen – wie beispielsweise mein Bruder – rennen supergerne 15 Kilometer täglich, während die anderen – hier bin ich gemeint, wer hätte es gedacht – lieber mit einem Eis auf der Couch sitzend Netflix schauen. Die einen versuchen, die anderen ständig zum Sportmachen zu überreden, die anderen finden immer eine gute Ausrede. So ist es jedenfalls bei meinem Bruder und mir. So unterschiedlich die Menschen sind, so wenig lassen sich ihre Bedürfnisse über einen Kamm scheren. Ein gewisses Maß an sozialer Ungleichheit ist demnach unvermeidbar. Es ließe sich selbst dann nicht umgehen, wenn man ein System etablieren würde, das alle Güter gleich verteilt – abgesehen davon, dass Leistungsgerechtigkeit als Kriterium der Zuteilung von Gütern ebenfalls berücksichtigt werden muss.[17]

Ebenso ist die entgegengesetzte Vorstellung, nach der jeder seines eigenen Glückes Schmied ist und der Staat sich möglichst aus allem heraushalten sollte, wirklichkeitsfremd. Hier wird verkannt, dass ökonomischer Erfolg nicht ohne Voraussetzungen möglich ist. Rechtssicherheit, Infrastruktur und gut ausgebildete Mitarbeiter*innen benötigt jedes erfolgreiche Unternehmen – erst recht in der modernen Gesellschaft von heute. Ein gewisses Maß an Umverteilung ist also genauso notwendig, wie ein gewisses Maß an sozialer Ungleichheit unvermeidlich ist. Einen guten Maßstab für die nötige Umverteilung hat der politische Philosoph John Rawls mit seiner Theorie der Gerechtigkeit geliefert,[18] bei der er zwei Grundprinzipien nennt: Jeder und jede soll gleiche Grundfreiheiten genießen, sofern sie mit den Grundfreiheiten für alle anderen vereinbar sind. Und: Soziale und wirtschaftliche Ungleichheit sind dann hinzunehmen, wenn sie alle besser stellen.[19]

Auf dieser Basis kann das Sozialstaatsprinzip, das in unserem Grundgesetz verankert ist, in konkrete Gesetze, Programme und Maßnahmen umgesetzt werden. Man kann Rawls Prinzipien zum Beispiel als Rechtfertigung einer progressiven Besteuerung (mit zunehmendem Einkommen wird auch der Steuersatz höher) und als Absage an Flat-Tax-Modelle (der Steuersatz ist für alle Einkommenshöhen gleich) sehen. Der funktionierende Sozialstaat ist also notwendige Voraussetzung für ein von der Mehrheit als gerecht empfundenes Gemeinwesen, auch wenn es über die konkrete Ausformung immer wieder Auseinandersetzungen gibt. Diese Interessenkonflikte liegen in der Natur der Sache und gefährden den sozialen Frieden so lange nicht, solange niemand das ganze System des Ausgleichs infrage stellt. Regeln, Gesetze und Institutionen sind notwendig für einen als gerecht empfundenen Staat. Aber hinreichend sind sie nicht. Vor allem in einem liberalen und demokratischen Staat braucht es über die bloße Existenz der Institutionen und deren Akzeptanz durch die Bürger*innen hinaus noch etwas Weiteres: ein Mindestmaß an Solidarität. Solidarität darf nicht verwechselt werden mit dem Sozialstaat als Summe der Rechte, Maßnahmen, In-

strumente und Leistungen, wie wir sie kennen. Es geht stattdessen um die Haltung der Mitglieder einer Gesellschaft, die
zusammen mit anderen Faktoren das Wertekorsett darstellen,
auf deren Grundlage ein Sozialstaat agiert: »Man will nicht
auf andere zeigen, sondern sich selbst auf die einfachen Wahr-
heiten der Solidarität besinnen: dass es eine gewisse Verbun-
denheit untereinander und die Angewiesenheit aufeinander
braucht, weil niemand sein Leben allein und sinnvoll zu führen vermag. (…) Dafür muss ich freilich etwas einsetzen, von
dem ich nicht sicher sein kann, dass es sich auszahlt: Vertrau-
en, das sich als allzu riskante Vorleistung entpuppt, Bindung,
deren ungeheurer Wert erst im Moment der Trennung erlebt
wird, und Engagement, das nicht selten in Enttäuschung endet.«[20]

Als Individuum Verantwortung für sich selbst und als Teil
der Gesellschaft Verantwortung für andere zu übernehmen –
immer in der Hoffnung, dass dies für die anderen Individuen
auch gilt –, ist die Grundlage einer gerechten Gesellschaft.
Diese Haltung, dieses Selbstverständnis der Solidarität, gehört in meinen Augen ebenso wie der Sozialstaat zu einem
Gemeinwesen dazu, in dem Gerechtigkeit nicht nur eine for-
male Kategorie ist, sondern ein gelebter Grundsatz des Zusammenlebens. Dafür mache ich Politik.

Gute Politik schafft Freiheit für alle

Freiheit ist, wie die Philosophin Hannah Arendt sagte, der
Sinn von Politik.[21] Dabei geht es nicht um Freiheit von der Politik – also möglichst von der Politik in Ruhe gelassen zu werden –, sondern darum, dass Freiheit überhaupt erst durch Politik entstehen kann: »Man kann nicht über Politik sprechen,
ohne auch immer über Freiheit zu sprechen, und man kann
nicht von Freiheit sprechen, ohne immer schon über Politik

zu sprechen.«[22] Die Politik muss also die Bedingungen der Freiheit schaffen, im Handeln selbst wie im Ziel. Aber was ist eigentlich »die Freiheit«? Und wie erlangen wir sie? Auf diese Fragen haben zahlreiche kluge Menschen viele bemerkenswerte Antworten gegeben. Leider widersprechen die sich alle, sodass ich keine allgemein anerkannte Definition von Freiheit geben kann. Die Abwesenheit von Zwang und die Fähigkeit, selbstbestimmt das eigene Leben zu führen, das ist nach meiner Ansicht eine gute Definition von Freiheit. So fühle ich mich selbst per definitionem »frei«: Ich bin weiblich, fast Mitte 30, ohne Kinder – und darf mein Leben selbst in die Hand nehmen und so führen, wie ich es für richtig halte. Zudem ist Freiheit ein guter Maßstab, um politische Entscheidungen zu bewerten: Schaffen sie mehr Freiheit oder schränken sie die Freiheit ein? Wie im vorangegangenen Kapitel über Gerechtigkeit erwähnt, ist Freiheit auch ein »essentially contested concept« – ein vom Wesen her umstrittener Begriff: Alle wollen Freiheit, aber nicht alle verstehen darunter dasselbe.

Und deshalb, liebe Leser*innen, müssen sie jetzt ein wenig Theorie über sich ergehen lassen, denn die Freiheit ist tatsächlich ein mehrdimensionaler Begriff. Der Sozialphilosoph Professor Axel Honneth[23] unterscheidet drei Formen von Freiheit: die rechtliche Freiheit, die moralische Freiheit und die soziale Freiheit. Die rechtliche Freiheit umfasst das Recht auf einen geschützten privaten Bereich, der vor dem Zugriff des Staates geschützt ist, wie etwa das Brief- und Fernmeldegeheimnis oder die Unverletzlichkeit der Wohnung. Er umfasst die demokratischen Grundrechte wie die Versammlungsfreiheit, das Wahlrecht und das Recht auf freie Meinungsäußerung. Die moralische Freiheit sichert den Menschen das Recht, seinen eigenen Überzeugungen zu folgen. Und die soziale Freiheit entsteht erst dort, wo wir anderen Menschen begegnen und nicht mehr allein als Individuum, sondern als Teil einer Gruppe oder Gesellschaft auftreten: als Akteur*in im Wirtschafts- und Arbeitsleben, als Familienmitglied oder im politischen Gemeinwesen.

Bei der rechtlichen Freiheit sind die Rechte an das Individuum gebunden und geben ihm die Möglichkeit, seine Rechte mithilfe staatlicher Institutionen (wie zum Beispiel Gerichte) durchzusetzen, oder auch, sich weitgehend auf den privaten Bereich zu beschränken. Die rechtliche Freiheit findet häufig dort ihre Grenze, wo sie die Freiheit der anderen einschränkt. So darf das Recht auf freie Meinungsäußerung nicht dazu führen, dass andere Menschen beleidigt werden. Das demokratische Wahlrecht hat wiederum in der Gleichheit der Stimmen einen seiner wichtigsten Grundsätze. Bei der sozialen Freiheit ist die Freiheit der anderen nicht die Grenze meiner eigenen Freiheit, sondern vielmehr die Voraussetzung dafür. Befähigung, wechselseitige Anerkennung und Bereitschaft zur Kooperation sind Voraussetzungen dafür, um auf dem ökonomischen Markt das beste Ergebnis sowohl für die Individuen als auch für die gesamte Gesellschaft zu erreichen – und bei der Organisation des politischen Gemeinwesens den bestmöglichen Konsens. Die soziale Freiheit lebt also davon, dass es eine möglichst große Chancengerechtigkeit gibt.

In der politischen Debatte wird häufig ein Gegensatz zwischen Freiheit und Gerechtigkeit aufgemacht, als könne man in einer Art Menü wählen: Hätten Sie lieber ein bisschen mehr Freiheit oder darf es etwas mehr Gerechtigkeit sein? Die unternehmerische Freiheit wird zum Beispiel gern gegen die Rechte der Arbeitnehmer*innen auf regulierte Arbeitszeiten ins Feld geführt. Fallen Letztere weg, so gewinnt das Unternehmen kurzfristig vielleicht mehr Freiheit. Für die Arbeitnehmer*innen ist es hingegen ein Verlust dergleichen. Hinter der Debatte steckt ein Staats- und Politikverständnis, das in eine Sackgasse führt. Denn es unterstellt, dass die Abwesenheit von Politik und politisch gesetzten Normen per se mehr

Freiheit bringt. Wer so denkt, redet letztlich dem Recht des Stärkeren das Wort. Die Abwesenheit von Regeln mag für einige erstrebenswert sein, die Mehrheit wird unter der Willkür leiden, die das mit sich bringt. Wenn es, wie oben angedeutet, in einer demokratischen Gesellschaft um die Freiheit aller geht, ist Gerechtigkeit nicht der Gegensatz zu sozialer Freiheit, sondern ihre Voraussetzung. Ohne Anerkennung und ein Mindestmaß an gleichen Chancen bleibt Freiheit einem Teil der Gesellschaft versagt.[24]

Freiheit ist nicht einfach so da, sondern von (politischen) Voraussetzungen abhängig: von Rechten und Regeln und Institutionen, die sie garantieren und durchsetzen. Vor allem aber auch von den Fähigkeiten der Einzelnen, ihre Optionen zu erkennen und auszuwählen, ohne dass sie durch Zwänge oder Beeinflussung daran gehindert werden. Neben den Regeln ist also die Ermächtigung der Bürger*innen eine zweite wichtige Voraussetzung für die Freiheit, etwa indem sie durch gute Bildung und Bereitstellung von Ressourcen frei zwischen verschiedenen Möglichkeiten wählen und die besten Entscheidungen für sich treffen können. Die Freiheit darf nicht nur formal existieren, sondern muss auch wirklich gelebt werden. Für den Philosophen und Politikwissenschaftler Philip Pettit ist Nichtbeherrschung die fundamentale Voraussetzung für Freiheit. Auch er pocht darauf, dass der Staat für alle Bürger*innen die nötigen Ressourcen und den Schutz der Grundfreiheiten garantieren muss, damit es nicht zu einem unterschiedlichen Ausmaß an Freiheit in der Gesellschaft kommt.[25]

In einer Demokratie ist es selbstverständlich, dass alle Menschen das gleiche Recht auf Freiheit besitzen. Schließlich spricht das Grundgesetz davon, dass jeder und jede das Recht auf freie Entfaltung seiner Persönlichkeit hat. Ein Verständnis für die sozialen und politischen Voraussetzungen von Freiheit zu entwickeln würde auch mithelfen, die permanenten

Klagen über zu viel Bürokratie, zu hohe Steuern und Abgaben auf ein vernünftiges Maß zu reduzieren. Bestimmt ist eine Unternehmerin auch erfolgreich, weil sie kreative Ideen hat und mit viel Engagement an deren Umsetzung arbeitet. Aber ohne Rechtssicherheit, gut ausgebildete Arbeitskräfte und öffentliche Infrastruktur würde ihr das nicht weiterhelfen. Bestimmt gibt es Vorschriften, Regeln und Normen, die nicht oder nicht mehr sinnvoll sind. Aber oft genug rührt das Jammern darüber nicht daher, dass sie nichts bringen würden, sondern dass sie Einzelnen im Weg stehen. Denn an manchen Stellen findet die Freiheit des Einzelnen ihre Grenze dort, wo sie die Freiheit des anderen einschränkt. So hat jede und jeder zum Beispiel ein Recht auf Mobilität, die Freiheit, zu rasen und andere zu gefährden, gehört jedoch nicht dazu.

Ebenso wie Freiheit und Gerechtigkeit einander nicht ausschließen, sind Freiheit und Sicherheit keine sich grundlegend widersprechenden Werte. Ohne ein Mindestmaß an Sicherheit gibt es nämlich keine Freiheit. Freiheit ohne Sicherheit führt ebenso wie Freiheit ohne Gerechtigkeit am Ende in eine Gesellschaft, in der Willkür und das Recht des Stärkeren herrschen. Ich will einen Staat, der mein Leben und mein Eigentum schützt; mir Gesundheit garantiert, mein Recht auf freie Meinungsäußerung, das Parlament zu wählen und mein Leben so zu führen, wie ich es für richtig erachte. Dafür brauche ich Gesetze, Institutionen wie die Polizei und das Justizsystem. Sicherheit kann aber die Freiheit einschränken, wenn es nicht mehr darum geht, die Rechte der Einzelnen zu schützen – und so ihre Freiheit zu garantieren. Also nicht mehr als Mittel zum Zweck verstanden wird, sondern als Mittel zur Kontrolle oder als Instrument der politischen Auseinandersetzung. Ersteres kennen wir von autoritären Regimes; dass Sicherheit für den politischen Wettbewerb missbraucht wird, haben wir in den letzten Jahren allerdings auch bei uns beobachten müssen. Einerseits sagt uns die polizeiliche Kriminalstatistik, dass unser Land in den letzten Jahren immer sicherer geworden ist: Bezogen auf die Zahl der Einwohner*innen gab es im Jahr 2018 so wenig Straftaten wie zuletzt vor 30 Jahren.[26] Andererseits wird regelmäßig versucht, die Eingriffsmöglichkeiten des Staates zuungunsten der persönlichen Freiheit auszubauen.

Wie passt das zusammen? Die objektive Sicherheitslage ist gut, aber viele Menschen fühlen sich verunsichert. Sie sind aber häufig nicht beunruhigt, weil sie Opfer eines Verbrechens wurden, sondern weil wir in einer Zeit leben, in der sich viel verändert und vermeintliche Gewissheiten auf einmal nicht mehr so gewiss sind. Und manche Politiker*innen reagieren auf diese Verunsicherung, indem sie nicht offen und ehrlich über die eigentlichen Herausforderungen sprechen und Orientierung geben. Sondern indem sie suggerieren, rigorose Gesetze und mehr Kontrolle würden Schutz vor Veränderung bieten. Dabei stirbt die Freiheit scheibchenweise. Eine solche Politik wird kaum das Gefühl der Verunsicherung, das Teile unserer Gesellschaft umtreibt, mildern. Sehr sicher wird damit aber die Freiheit aller eingeschränkt – und zwar ohne Notwendigkeit. Das spüren auch immer mehr Menschen. Als Bayerin war ich ja so stolz auf meine Heimat, als im Sommer 2018 Zehntausende Menschen im ganzen Land von Hof bis Lindau auf die Straße gegangen sind. Sie haben sich gegen die Einschränkungen der Bürgerrechte gewehrt, denn die Regierung in Bayern hat mit zwei Novellierungen das Polizeiaufgabengesetz verschärft. Als Innenpolitikerin habe ich im Parlament vor den Verschärfungen gewarnt und alle Möglichkeiten, die uns die parlamentarische Demokratie zur Verfügung stellt, genutzt: Expert*innenanhörung, Anfragen gestellt und dann natürlich gegen das Gesetz gestimmt. Zum Glück konnte der Protest aus dem Parlament auf die Straße getragen werden. Ein großes, überparteiliches Bündnis hat sich gegründet, von jung bis alt, vom Punk bis zur Rechtsanwältin, von mir bis zu meiner Mutter – alle waren auf der Straße. Sie haben sich klar für die Freiheit und Bürgerrechte positioniert und gegen eine Ausweitung der Befugnisse durch die Polizei. Ich war fast auf jeder Demo in Bayern als Rednerin, habe unzählige Podiumsdiskussionen bestritten und mit vielen Menschen gesprochen, und das Hauptargument bei den allermeisten war: Wir leben im sichersten Bundesland, und trotzdem will die Regierung die Freiheit einschränken? Das ist ja verrückt. Trotzdem ist das Gesetz jetzt in Kraft, die Mehrheit im Parlament hat es beschlossen. Ich klage für meine Fraktion jetzt vor dem Bayerischen Verfassungsgerichtshof, denn dieses Gesetz ist verfassungswidrig.

Wir sehen also, dass Freiheit immer ein gewisses Maß an Gerechtigkeit, an Sicherheit und an gleicher Anerkennung voraussetzt. Ebenso die Abwesenheit von Angst, die individuelle Befähigung für ein freies Leben und die Erkenntnis, dass wir als Menschen sowohl autonome Individuen sind, aber eben auch Teil einer Gesellschaft. Und besonders in modernen Gesellschaften heißt das: Wir haben verschiedene Rollen inne. Die zunehmende gesellschaftliche Vielfalt bedeutet nicht nur, dass die Unterschiede zwischen den Menschen größer werden, sondern eben auch, dass wir als Einzelne die Freiheit haben, die unterschiedlichsten Rollen auszufüllen. Je nachdem, ob man sich in der Arbeit befindet, bei Freunden, der Familie oder in anderen sozialen Zusammenhängen: Man kann flexibel agieren und muss beispielsweise das in der Arbeit unvermeidbare Leistungsethos nicht ins Private übertragen. Ich selbst organisiere überaus gern in der Arbeit, streiche meine erledigten Aufgaben auf den selbst geschriebenen To-do-Listen immer fleißig und voller Freude durch. (Und ja, manche Tasks wandern auch mal von einer Liste auf die nächste – sehr zur Belustigung meiner Kolleginnen.) Aber privat oder im Urlaub finde ich es auch mal sehr angenehm, nicht komplett durchgetaktet zu sein.

Für manche mag das alles Stress darstellen, aber eigentlich ist es eine Chance auf Freiheit: So, wie du bist, ist es okay. So, wie du sein willst, ist es okay. Es ist okay, auch mehrfach zu sein. Wir können uns wandeln, dürfen aber auch gleich bleiben. Ist das nicht unglaublich befreiend?

III. Verantwortung übernehmen – Zukunft gestalten

Gesellschaft und Gemeinschaft: was uns trennt und was uns eint

Wenn wir einen Begriff suchen für das soziale Gebilde, in dem wir leben, verwenden wir oft zwei Wörter: Gesellschaft und Gemeinschaft. Wir benutzen diese beiden Begriffe gern im Alltag, als seien sie Synonyme. Sind sie aber nicht. Das sage ich jetzt nicht, weil ich unter sprachlicher Überempfindlichkeit leide, sondern weil sich hinter den beiden Begriffen ein komplett gegensätzliches Verständnis unseres Zusammenlebens verbirgt.[1]

Während sich eine Gemeinschaft vor allem durch Abgrenzung (zu anderen Gemeinschaften) und Homogenität ihrer Mitglieder definiert, lässt eine Gesellschaft Vielfalt und Abweichung zu. Die Zugehörigkeit und Integration erfolgt in der Gemeinschaft über eines oder mehrere Merkmale wie Abstammung, Religion beziehungsweise Weltanschauung, die absolut sind und nicht hinterfragt werden können. In der Gesellschaft wiederum erfolgt Integration vor allem über formales Recht: In einer liberalen und demokratischen Gesellschaft entscheiden die freien Individuen selbst und mit gleichen Rechten über die Regeln des Zusammenlebens.

Warum ist diese Unterscheidung nun so wichtig? Weil es in den gegenwärtigen modernen und vielfältigen Gesellschaften den Unterschied zwischen Freiheit und Pluralität auf der einen Seite und Homogenität und autoritärem Staatsverständnis auf der anderen Seite markiert. Ein Blick nach Ungarn und Polen macht deutlich, was das praktisch bedeutet: Freie Presse, Wissenschaft und Forschung, unabhängige Justiz und die Freiheit der Kunst werden dort zurückgedrängt zugunsten verbindlicher Vorgaben, die sich auf Religion, Abstammung oder ein (vermeintliches) kulturelles Erbe berufen. Kulturelle Homogenität ist das erklärte Ziel, mit dem sich humanitäre und aufklärerische Ideen jedoch nicht vertragen. Warum stoßen diese Ideen in Teilen der Bevölkerung aber auf Resonanz? Diese Frage stellen sich wahrscheinlich viele. Am besten lassen sie sich mit einer Sehnsucht nach geordneten Verhältnissen erklären: Auf diese Weise sollen die Widersprüche und Zumutungen der Moderne bekämpft werden. Nicht umsonst ist der Wunsch nach Kontrolle und befestigten Staatsgrenzen ein zentrales Motiv der Verfechter*innen einer homogenen Gemeinschaft. Homogenität in modernen Gesellschaften aber erweist sich als Schimäre und lässt sich nur um den Preis herstellen, die anderen auszuschließen, ihre Rechte zu beschneiden und so die Demokratie auszuhöhlen. Wer anders denkt, von woanders kommt, an etwas anderes beziehungsweise gar nichts glaubt oder aber eine andere sexuelle Orientierung hat, ist raus.[2]

Durch unsere globalen, vernetzten und verschiedenartigen Lebensentwürfe sieht die konkrete Welt einfach anders aus. Es reicht meistens schon, sich in seiner Nachbarschaft, bei den Verwandten, im Freundeskreis oder an der Arbeitsstelle umzublicken, um festzustellen: Anders ist das neue normal, weil die alte Normalität obsolet geworden ist. Selbstverständlich gibt es auch heute noch oft die heterosexuelle Ehe zwischen Mann und Frau ohne Migrationshintergrund, in der beide einer christlichen Kirche angehören. Dieser Lebensentwurf wurde früher als »normal« angesehen, und wer diese Merkmale nicht vorweisen konnte, galt als Exot, der mal mehr, mal weniger von der Gesellschaft – oder besser der Gemeinschaft – geduldet wurde. Abweichungen wurden oft sprachlich verbrämt. So war bis in die 1980er-Jahre hinein der »Junggeselle« auch ein Begriff für schwule Männer, die ihre sexuelle Orientierung nicht offen leben konnten oder wollten. Dieses »normal« existiert heute nur noch in Fragmenten.

Die Pluralisierung, die unsere Gesellschaft in den letzten Jahrzehnten erfahren hat, war deshalb nicht nur eine Befreiung von ehemals untypischen Lebensentwürfen. Sie wirkt sich auch auf die aus, die bislang zu den vermeintlich »Normalen« gezählt wurden. Die Pluralisierung verändert also nicht nur die Lebensumstände von einigen, sondern das Leben von uns allen. Deshalb geht eine Individualisierung gern der Pluralisierung voraus und mit ihr einher.[3] Die klassische Mehrheitsgesellschaft, die wir lange kannten, existiert also so nicht mehr. Wir begegnen uns als Einzelne und Angehörige von vielen Teilgruppen.

Dagegen helfen letztlich auch keine verzweifelten Versuche, wie etwa die Ausrufung einer Leitkultur, hinter der sich alle versammeln sollen. Eine solche muss in einer pluralen Gesellschaft entweder auf einen großen und wachsenden Teil der Bevölkerung repressiv wirken – falls tatsächlich bestimmte kulturelle Normen für alle verpflichtend werden sollen –, oder sie ist eher tautologisch gemeint, wenn sie sich auf ohnehin verbindliche Gesetze bezieht. Deshalb gibt es auch bis heute keine befriedigende Definition des Begriffes »Leitkultur«, der mit liberalen und demokratischen Werten vereinbar ist. Letztlich ist der Wunsch nach einer Leitkultur nichts anderes als die Sehnsucht nach früher. Solange das ein melancholischer Wunsch Einzelner ist, bleibt er harmlos. Wird dieser Wunsch aber politisch und versucht, hegemonial zu sein, ist er in der Gestalt des Populismus brandgefährlich. Denn Populismus erschöpft sich nicht darin, im Bierzelt etwas zugespitzter zu formulieren oder populäre Forderungen aufzustellen. Seine Gefährlichkeit besteht darin, Vielfalt und Widersprüche auszuklammern. Populistische Politiker*innen erkennt man daran, dass sie sich anmaßen, im »Namen des Volkes« zu sprechen – was eine demokratische Politiker*in nie tun würde. Der Aufstieg des Populismus in den letzten Jahren ist bereits erwähntem Wunsch geschuldet: Es möge wieder so werden wie früher.[4] Das ist aber nur um einen sehr hohen Preis möglich und – wie ich finde – auch nicht wünschenswert. Wer möchte in einer Gesellschaft leben, in der die Emanzipation von Frauen rückgängig gemacht und die Selbstbestimmung großer Teile der Gesellschaft beschnitten wird? Also ich nicht.

Was tritt aber an die Stelle der Tradition, falls diese nur noch zur Sinnstiftung in Teilgruppen der Gesellschaft taugt, nicht mehr aber für die Gesellschaft als Ganzes? Ich bin davon überzeugt, dass die Einsicht in die Notwendigkeit, Demokratie und Liberalismus zu Zeiten der Pluralität zu erhalten, das eine ist. Ein Zweites wäre es, die Würde des Menschen in der vielfältigen Gesellschaft zu verteidigen – auch immer in dem Wissen, dass es die eigene Würde ist. Gibt doch das mir persönlich die Möglichkeit, mein eigenes Leben so zu leben, wie ich es möchte. Ein dritter Weg ist es, auf Verfassungspatriotismus zu setzen, also nicht mehr die Geschichte und die Kultur eines Volkes zum Kitt einer Gesellschaft zu machen – was in der vielfältigen Welt von heute ohnehin nicht mehr funktioniert –, sondern die Werte, Normen und Institutionen, die unsere demokratische Gesellschaft ermöglichen und garantieren. Das gibt Orientierung, denn eine vielfältige Gesellschaft bildet und integriert sich über die Geltung dieser Werte und Normen. Eine Gemeinschaft ist immer eine Ansammlung von Ähnlichen. Und das ist unser Land weniger denn je.

Markt oder Staat? Pragmatismus ist angesagt!

Wenn ich von sieben Uhr abends bis sechs Uhr früh mit der Kripo oder der Schutzpolizei einmal jährlich auf Streife unterwegs bin, erfahre und erlebe ich Bayern von einer anderen Seite. Als innenpolitische Sprecherin ist es mir wichtig zu wissen, über was ich im Ausschuss diskutiere und abstimmen muss. Auch mal hautnah mitzubekommen, was es bedeutet, nachts Polizeiarbeit zu machen – und was es mit einem macht. So kann ich viel besser nachvollziehen, wie anstrengend dieser Beruf ist. Ich erlebe Situationen, in denen stark alkoholisierte Menschen sich nicht darum scheren, was die Polizist*innen sagen und tun. Aber ich erfahre auch, wie erfüllend der Beruf ist: dankbare Menschen, die sich freuen, wenn wir mit dem Polizeiauto um die Ecke biegen und zu Hilfe kommen.

Ein Privileg als Landtagsabgeordnete ist es, dass ich interessante Menschen treffen darf. Und so lerne ich nicht nur bei der Polizei wunderbare Menschen kennen, sondern auch bei all den Vereinen, Verbänden und Unternehmen, die ich besuche. Ich begegne großartigen Antifaschisten, die seit Jahrzehnten die rechte Szene in Bayern dokumentieren, aufklären und eine wichtige Säule der Zivilgesellschaft sind. Die mir von ihren Gängelungen durch die Behörden sowie der Stigmatisierung berichten, aber die nie mit ihrer ehrenamtlichen Arbeit aufhören, weil sie genau wissen, dass sonst viele Dinge nicht öffentlich werden würden. Manche Zusammenkünfte berühren mich sehr, wie etwa das Vernetzungstreffen für Alleinerziehende, das ich organisiert hatte. Es kamen lauter »starke weiche« Frauen, die wahre Leistungsträgerinnen sind. Die von ihrer Geschichte erzählt haben, den Kämpfen, dem wenigen Geld, den Schwierigkeiten bei der Vereinbarkeit von Familie und Beruf, den Klagen seitens der Ex-Partner und dem Gewicht, das auf ihren Schultern lastet. Denn sie tragen die Verantwortung für ihre Kinder ganz allein. Und trotzdem spürte ich viel Stärke und den Willen, nie aufzugeben.

Ich diskutiere in München, Hamburg, Erfurt, Bologna, Pittsburgh – den großen Städten –, aber auch in Schwarzenbruck, Seefeld-Hechendorf und Bernau. Ich begegne Menschen aus Verbänden, Vereinen sowie Unternehmen. Und natürlich treffe ich bei den Veranstaltungen immer auf Bürgerinnen und Bürger: Entweder kommen sie an den Grünen-Infostand, oder wir klingeln im Rahmen des Haustürwahlkampfes an ihre Tür, um sie an die Wahlen zu erinnern. Ich ratsche mit ihnen nach meiner Bierzeltrede bei »Obazda« und Spezi oder im Künstlerhaus nach der Debatte zum Thema Europa. Oder ich werde im Zug gefragt: »Sagen Sie mal, sind Sie nicht diese Grüne?« – »Ja, das bin ich.« Immer mal wieder tauchen in solchen Debatten auch Vorurteile auf: »Ihr Grüne wollt ja, dass der Staat alles reguliert!« oder »Der Markt richtet alles alleine!«. Ich beginne dann immer in die Diskussion einzusteigen, da ich diese Verkürzungen für falsch halte. Und bin froh, dass die Frage, ob mehr Marktfreiheit oder eine stärkere staatliche Regulierung eine Gesellschaft gerechter und freier macht, nicht mehr so eine stark ideologisierte Auseinandersetzung ist wie noch vor ein paar Jahrzehnten. Dennoch: Sie prägt auch heutzutage die politische Debatte und strukturiert unser Parteiensystem. Sie wurde hochemotional geführt und leider oft zu unterkomplex. Es gibt »den Markt« nur als abstrakte und ideologisch aufgeladene Größe – real existiert nämlich eine Vielzahl von Märkten. Und ob auf diesen jeweils mehr staatliche Regulierung oder größere Freiheiten für private Akteure die besseren Ergebnisse bringen, hängt davon ab, um welches Gut oder welche Leistung es gerade geht und welche Kategorien für die Messung des Erfolgs herangezogen werden.

Der Markt als wirtschaftliches Ordnungsprinzip wird als effizienter Weg gesehen, den Bedarf an Gütern sowie Dienstleistungen mit dem entsprechenden Angebot zusammenzubringen. Der Preis ist hier der Mechanismus, der einen Ausgleich zwischen Knappheit und Überfluss schafft. Augenscheinlich ist der Markt dazu besser in der Lage als die staatliche Planwirtschaft, weshalb ich eine bessere Alternative zur Marktwirtschaft als Wirtschaftsordnung nicht sehe. Trotzdem bleibt uns die Aufgabe, den politischen Ordnungsrahmen zu definieren, der den Markt strukturiert und einhegt. Das, was wir Markt nennen, ist ja weder natürlich gegeben, noch handelt es sich dabei um ein homogenes Gebilde. Kulturelle Prägungen, Traditionen und Gewohnheiten bestimmen die Bedingungen des Tauschs – ebenso wie Regeln und technische Möglichkeiten. Wie die Märkte funktionieren, unterscheidet sich von Land zu Land und danach, was gehandelt wird: Für Arbeitskräfte gelten beispielsweise andere Regeln als für Konsumgüter. Denn schließlich haben Menschen eine Würde, ein Kühlschrank hingegen nicht.[5]

Deshalb stellt sich (im Sinne von gleicher und möglichst großer Freiheit aller) die Frage, welchen politischen Ordnungsrahmen Märkte brauchen und welche Bereiche es gibt, in denen die gewünschten Ergebnisse durch eine marktwirtschaftliche Ordnung nicht erzielt werden (können). Statt eine abstrakte Debatte mit markt- oder staatspopulistischen Positionen zu führen, sollten wir unbedingt differenzierter und konkreter argumentieren. Das ist zwar mühsamer und weniger plakativ, in der heutigen Zeit aber bitter notwendig und wird viel eher dem gerecht, worum es geht: um die Freiheit der Bürger*innen.

Insgesamt besteht der Konsens, dass die Marktwirtschaft sozial reguliert ist, wie etwa durch Begrenzung der Arbeitszeiten, Schutz der Gesundheit am Arbeitsplatz oder das Recht der Arbeitnehmer*innen, über einen Betriebsrat ihre Anliegen gegenüber den Arbeitgeber*innen geltend zu machen. Problematisch wird es in diesem Zusammenhang, weil für immer mehr Arbeitnehmer*innen die ausgehandelten Tarifverträge nicht mehr gelten. Leiharbeit, Scheinselbstständigkeit, das Ausscheren von Unternehmen aus dem Tarifvertragssystem oder geringfügige Beschäftigungsverhältnisse lassen die Wirkung der Tarifpartnerschaft erodieren. Die Tarifautonomie mit dem Interessenausgleich zwischen Arbeitgeber*innen und Arbeitnehmer*innen ist jedoch eine tragende Säule des sozialen Friedens in unserem Land. Deshalb müssen wir meiner Meinung nach mit rechtlichen und politischen Mitteln erstens die regulären gegenüber den atypischen Beschäftigungsverhältnissen stärken; und zweitens dafür sorgen, dass Tarifverträge wieder für mehr Arbeitnehmer*innen verbindlich sind. Was die Verfechter*innen neoliberalen Denkens wahrscheinlich als Eingriff in die Freiheit auf dem Arbeitsmarkt brandmarken, ist tatsächlich eine nötige Voraussetzung, damit Millionen von Arbeitnehmer*innen überhaupt erst die Chance auf Freiheit erhalten.[6] Denn wer gegenüber seiner Arbeitgeber*in nur auf schwache Rechte zurückgreifen kann, befindet sich nicht in einer Position der Freiheit, sondern in Abhängigkeit.

Der Markt braucht auch deshalb Regulierung, damit die natürlichen Lebensgrundlagen geschützt werden. Die Endlichkeit der Ressourcen, der Schutz der Biodiversität und des Erdklimas berücksichtigt der Markt nämlich nicht. Indem wir uns aber marktwirtschaftliche Mechanismen zunutze machen, können wir die negativen Auswirkungen auf die Umwelt – wie etwa den Ausstoß von Schadstoffen, den Verbrauch von natürlichen Ressourcen oder die Schädigung von natürlichen Lebensgrundlagen – reduzieren oder verhindern. Wenn davon gesprochen wird, dass Preise die ökologische Wahrheit sagen müssen oder externe Kosten internalisiert werden, dann sind wir bei Instrumenten wie der Kohlendioxidsteuer. Der Ausstoß dieses Klimagases bekommt einen Preis, womit ein Anreiz entstehen soll, durch anderes Verhalten oder bessere Technologien diese Kosten zu vermeiden. Was sich in der Theorie gut anhört, funktioniert in der Praxis allerdings nur, sofern dieser Preis hoch genug ist und sich die Suche nach einer Alternative auch lohnt. Mit solchen oder ähnlichen Anreizsystemen lassen sich manche ökologische Probleme lindern oder lösen. Auf alle trifft das aber nicht zu. Daher benötigen wir zusätzlich das Ordnungsrecht. Die Einführung des Katalysators und des Dieselpartikelfilters sind hier Beispiele – oder das Verbot des Insektizids DDT in den 1970er-Jahren, dem hoffentlich bald das Verbot von Glyphosat folgt. Man sieht also: Für manche Ziele ist es unumgänglich, dass der Staat den Rahmen richtig setzt.

In der Theorie geht man davon aus, dass sich auf dem Markt Wirtschaftssubjekte treffen, die Verträge aushandeln und dies unter den Bedingungen von Transparenz und gleichen Rechten tun. Die Wirklichkeit sieht jedoch oft anders aus – der Sektor der Finanzdienstleistungen ist dafür ein gutes Beispiel: Hier finden sich Produkte, die fast niemand mehr durchschaut, und weitgehend wirkungslose Aufsichtsbehörden. Die enorme Markt- und Lobbymacht weniger Akteure sowie das Versagen von Politik, Aufsicht und Wirtschaftswissenschaftler*innen haben in den USA zu einer riesigen Immobilienmarktblase geführt und 2008/2009 schließlich zum großen Knall und einer globalen Finanzkrise, die bis heute ihre Auswirkungen hat. Das hat mich alles ziemlich nachdenklich gestimmt. Der Film *The Big Short,* den ich teilweise mit Entsetzen sah, zeichnet die ganze Dramatik und Absurdität dieses Gewerbes besonders gut nach. Weil es zu wenig Regulierung gab und gibt, konnte die Zockermentalität einiger Investmentbanker ganze Volkswirtschaften an den Abgrund führen und viele Menschen ihrer Existenz berauben. Auch solchen Auswüchsen des Marktes muss dringend ein Riegel vorgeschoben werden. Zu viel Macht weniger Akteure zerstört einfach den Wettbewerb. Nehmen wir die großen Firmen wie Google, Amazon und Facebook, die heute so viel Marktmacht besitzen, dass sie die Bedingungen des Wettbewerbs einseitig diktieren können. Facebook hat beispielsweise WhatsApp gekauft und kann so noch mehr Datenstränge in seinem Haus über die Nutzer*innen zusammenführen – jetzt wird sogar überlegt, eine eigene digitale Währung herauszubringen. Zum einen führt das zu großen datenschutzrechtlichen Problemen, andererseits ist das enorm schädlich für den Wettbewerb, wenn einige wenige auf großen Datenmengen sitzen – vor allem in einem Zeitalter, in dem Daten wie Öl gehandelt werden. Eine Konzernzerschlagung sollte vor diesem Hintergrund überlegt werden, in der Vergangenheit gab es sie bereits: Standard Oil und AT&T hatten in der Ölproduktion und im Telefongeschäft in den USA eine marktbeherrschende Position erreicht und wurden zerschlagen, um wieder einen Wettbewerb zu ermöglichen. Eine Aufteilung und Entflechtung der großen Digitalkonzerne dürfen also kein Tabu mehr sein – und deren Daten könnten anderen Unternehmen zugänglich gemacht werden.

Last, not least müssen Güter und Dienstleistungen kontinuierlich und für alle bereitgestellt werden, weil sie unverzichtbar für die Freiheit sind. Die Gewährleistung der inneren sowie äußeren Sicherheit gehört dazu, die Schulen und Hochschulen, das Straßennetz sowie die Wasserversorgung. Die öffentliche Daseinsvorsorge deckt viele existenzielle Bedürfnisse des Lebens ab, die private Anbieter nur unzureichend oder zu höheren Kosten für die Allgemeinheit zufriedenstellen können. Aus historischen Gründen gehören in Deutschland das Stromnetz oder aber das Datennetz nicht dazu. Dass hier zumindest punktuell ein Besitz in öffentlicher Trägerschaft mehr Wettbewerb ermöglicht, zeigen örtliche Stromnetze, die von den Kommunen zurückgekauft wurden, oder Datennetze, die öffentlichen Betreibergesellschaften gehören statt (regionalen) Monopolisten. Manchmal wird erst durch den öffentlichen Besitz der Netze ein diskriminierungsfreier Zugang für alle Anbieter ermöglicht – und somit mehr Wettbewerb. Staatlicher Besitz ist dann kein Hindernis, sondern Voraussetzung für Wettbewerb zum Wohle der Bürger*innen.

Damit der Markt funktioniert und Ergebnisse im Sinne von mehr Freiheit für alle erzeugt, braucht er also einen regulatorischen Rahmen. Die unsichtbare Hand des Ökonomen Adam Smith bringt nicht automatisch mehr Gemeinwohl, wie uns das manche glauben lassen wollen. Überlässt man die Märkte sich selbst, produzieren sie nicht Freiheit für alle, sondern Wohlstand für nur einen Teil der Marktteilnehmer – und dazu noch beträchtliche externe Kosten. Freilich ist auch der Staat nicht immer die bessere Alternative. Es kommt eben auf die konkrete Anforderung an: Ein Automobilkonzern wird wahrscheinlich nicht zu einem besseren Unternehmen, bloß weil es verstaatlicht wird. Insofern macht es in meinen Augen wenig Sinn, wenn der Juso-Vorsitzende Kevin Kühnert die Vergesellschaftung von BMW fordert, andere das gleichzeitig als Sündenfall brandmarken. Hier diskutieren wir einfach am Thema vorbei. Eine staatliche Regulierung des Arbeitsmarktes, um die Rechte der Arbeitnehmer*innen zu schützen, oder ökologische Leitplanken bei der Güterproduktion sind sehr wohl politische Regulierungen, die das Gemeinwohl vergrößern. Und dafür liebe ich die Politik: Genau für dieses Aushandeln ist sie zuständig. Dafür zu sorgen, dass alle gut leben können. Sich dafür einzusetzen, dass es uns wirtschaftlich gut geht, aber auch unsere natürlichen Lebensgrundlagen geschützt werden. Rahmen zu setzen, an denen sich orientiert wird. Ich finde, bei politischen Entscheidungen sollten wir deshalb kein Zerrbild wie den Homo oeconomicus vor Augen haben, der stets nur nach seinen eigenen Vorteilen handelt – sondern reale Menschen, die in Wohlstand leben wollen, aber eben auch wissen: Wir sind nicht allein auf der Welt, wir brauchen die anderen.

Die aktive Bürger*innen-Gesellschaft

Der 6. September 2015 war für mich ein ganz normaler Sonntagabend: Ich hatte wie so oft mein Wochenende in Herrsching verbracht und fuhr gerade mit der S-Bahn nach München, als ich auf Twitter las, dass viele Geflüchtete gerade in München ankamen. Um mir ein Bild von der Lage zu machen, wollte ich kurz am Hauptbahnhof aussteigen – und blieb für die nächsten Tage. Und packte mit an. Ja, mein München ist wortwörtlich »die Weltstadt mit Herz«. Was ich dort erlebt habe, ist für immer in mir abgespeichert: Münchnerinnen und Münchner, die Wasser, Bananen, Reis, Nudeln, Brot, Klopapier, Deo, Windeln, Schuhe, T-Shirts etc. vorbeibrachten. Die ihre Mittagspause vor Ort verbrachten und uns unterstützten. Die sich in die Helfer*innenlisten eintrugen – egal ob als Dolmetscher*innen, zur Essensverteilung oder für die Kleiderausgabe. Ehrenamtliche, die zusammen mit der Polizei, mit den Rettungsdienstorganisationen, den Beamt*innen der Stadt München und der Regierung von Oberbayern dafür sorgten, dass die Ankommenden eine kurze medizinische Erstversorgung erhielten, was zu essen und zu trinken, ein Dach über dem Kopf für die Nacht und schließlich weiter in andere Bundesländer verteilt wurden. Spenden, die mit den Worten eintrudelten: »Ich habe leider wenig Zeit, aber mir ist es wichtig zu helfen.« Wir hatten Tonnen von Essen und Kleidung am Hauptbahnhof liegen. Es gab unzählige Menschen, die mit angepackt hatten. Und Tausende von Geflüchteten, die aus Bürgerkriegsländern wie Syrien erschöpft aus den Zügen stiegen. Etliche ohne Gepäck, manche mit ihren wenigen Habseligkeiten in ein paar Plastiktüten oder einem Koffer. Viele Kinder, die mit großen Augen die Menschenmassen anstarrten. Wenn ich kurz Luft holen konnte – zwischen Wasserflaschen verteilen und Semmeln schmieren –, machte sich eine besondere Stimmung in mir breit: Bei all dem Leid, bei all dem Schrecken in unserer Welt gibt es doch auch so viele grundgute Menschen. Die hinschauen, wenn andere wegsehen. Die die Hand reichen, sobald andere die kalte Schulter zeigen. Die einfach machen, anstatt zu lamentieren. Das hat mir erneut gezeigt: Wenn Menschen zusammenarbeiten, kann Großes entstehen. Es war ein unglaublicher Kraftakt, der im ganzen Land vollbracht wurde: von der Polizei, den Beamtinnen und Beamten, den Rettungskräften – und von den Ehrenamtlichen. Ich bin so dankbar für alles, was dort geleistet wurde. Und bis heute gelingt Integration unter anderem aufgrund des immensen Einsatzes der Ehrenamtlichen: Sie bieten Sprachkurse an, helfen beim Ausfüllen der unzähligen Formulare, gehen mit auf die Behörden, kümmern sich um die Vermittlung auf dem Arbeitsmarkt und bei der Suche nach einer Wohnung.

Dieses Engagement der Bürger*innen wird gern mit »bürgerschaftlichem Engagement« oder der »Zivilgesellschaft« umschrieben. Ich glaube, eine demokratische, moderne und freiheitliche Gesellschaft ist ohne dieses Engagement schlichtweg nicht machbar. Ob politische Partei oder Sportverein, Feuerwehr, Elternbeirat, Nichtregierungsorganisation oder Hilfe für Geflüchtete: Alle, die sich über ihre persönlichen Interessen hinaus für das Gemeinwohl engagieren, wirken nicht nur durch ihr unmittelbares Engagement, sondern weit darüber hinaus. Sie nehmen Dinge selbst in die Hand, ohne dass sie rechtlich dazu verpflichtet wären oder einen wirtschaftlichen Vorteil daraus ziehen. Es geht ihnen darum, etwas mit anderen und für andere zu tun. Ein Großteil dieses Engagements ist selbstbestimmt und selbstreguliert – und benötigt deshalb keine staatliche Einmischung. Zivilgesellschaftliches Engagement findet allerdings nicht in einem hermetisch abgeschirmten Raum statt: Ob es befördert oder behindert wird, hängt sowohl von politischen Entscheidungen als auch von der Organisation der Arbeitswelt ab. Es gibt genug Menschen, die sich gern politisch, kulturell oder sozial engagieren würden, deren Alltag das aber kaum zulässt. Wer einen stressigen Job hat, sich um die Erziehung und den Schulalltag der Kinder kümmern muss oder Angehörige pflegt, findet kaum Zeit, sich in einem Verein oder in einer Initiative einzubringen. Bürgerschaftliches Engagement wird gern in den höchsten Tönen gelobt, aber ungern von einigen Arbeitgeber*innen gesehen: Wenn etwa die Sitzung des Gemeinderates, des Vereinsvorstands oder der THW-Einsatz mit den Anforderungen der Arbeitsstelle kollidiert. Bei allen nachvollziehbaren Problemen, die das in der Arbeitsorganisation mit sich bringt, sollten die Unternehmen das Engagement ihrer Mitarbeiter*innen fördern. Schließlich sind auch die Unternehmen Teil unserer Gesellschaft und haben eine Verpflichtung, die sich nicht nur darin erschöpft, Gewinne zu machen. Das Gleiche gilt für den Staat als Arbeitgeber wie etwa das Landratsamt, die staatlichen Schulen, die Verwaltung, das Unternehmen mit staatlicher Beteiligung etc. Sie alle müssen mit gutem Beispiel vorangehen und das Ehrenamt unterstützen. Aber nicht nur in der Arbeitswelt, auch in Teilen der Politik sehe ich ein Auseinanderklaffen zwischen Reden und Handeln. Nämlich dann, wenn bürgerschaftliches Engagement als Vorwand genommen wird, damit sich der Staat aus der Verantwortung ziehen kann. Für manche Dinge sind Ehrenamtliche grundsätzlich nicht zuständig: Flächendeckenden Deutschunterricht für die gelungene Integration muss beispielsweise der Staat auf die Beine stellen, das ist nicht Aufgabe von Bürger*innen. Die Sicherheit in unserem Land muss ebenfalls die Polizei gewährleisten, dafür ist keine ehrenamtliche Sicherheitswacht zuständig. Und wäre es nicht wunderbar, wenn Politik endlich die Armut in unserem Land verringern würde, sodass es keine Tafeln mehr geben müsste, bei denen Ehrenamtliche Nahrungsmittel verteilen?

Wir sollten uns zudem überlegen, mit welchen Regeln und

Anreizen wir die unterstützen können, die sich in ihrer Freizeit für andere engagieren. Etwa indem öffentliche Räume kostenfrei oder gegen ein geringes Entgelt genutzt werden dürfen, Ehrenamtliche umsonst mit den öffentlichen Verkehrsmitteln zu ihrem Einsatzort fahren können oder eine rechtliche Beratung durch öffentliche Stellen stattfindet, um den Ehrenamtlichen einen Weg durch das nicht ganz einfache Dickicht von Auflagen und Bestimmungen zu zeigen. Außerdem brauchen wir eine bessere Verzahnung professioneller und ehrenamtlicher Strukturen, damit Menschen »er-mutigt« werden, sich zu engagieren, statt »ent-mutigt« aufgeben. Dafür könnten wir auch mal in größeren Zusammenhängen denken: Warum sollten sich Arbeitnehmer*innen nicht für eine gewisse Zeit freistellen lassen können, um ein ehrenamtliches Projekt voranzutreiben? Das wäre für die gesamte Gesellschaft von Vorteil, für die Arbeitnehmer*innen selbst und letztlich auch für die Unternehmen, die von der gewachsenen Erfahrung und Kompetenz ihrer Mitarbeiter*innen profitieren. Der Bundesfreiwilligendienst könnte ebenfalls in diese Richtung weiterentwickelt werden.

Ich finde, wir nutzen die Möglichkeiten des ehrenamtlichen Engagements noch nicht ausreichend. Dabei könnten wir damit wertvolles soziales Kapital aufbauen und den Einzelnen neue Perspektiven für ihr Leben bieten. Deshalb plädiere ich hier für einen Mentalitätswandel: Ehrenamt und zivilgesellschaftliches Engagement sollten nicht länger als »nice to have« behandelt werden, sondern essenzielle Teile unserer Demokratie und unseres Zusammenlebens werden. Es ist gut, wenn das in Reden immer wieder betont wird, am Ende braucht es aber auch Taten, damit aus diesem Anspruch Wirklichkeit werden kann.

Von zeitgemäßer Führung und Kommunikation

Ich war mal kurz davor, mir meine rechte Hand nie mehr zu waschen – und zwar als Barack Obama mir eine Fist Bump gab. Das Ganze passierte, als ich 2019 mit 300 *young leaders* aus ganz Europa in Berlin von der Obama Foundation eingeladen war und wir zusammen mit ihm über die Herausforderungen der Zukunft diskutierten. Für mich war das ein sehr beeindruckender Moment, denn ich habe einen Barack Obama erlebt, der immer noch Menschen berühren und begeistern kann, der Charme hat und klare Werte, aber den natürlich die acht Jahre im Amt auch verändert haben. Ich fand ihn viel pragmatischer und stellenweise etwas resigniert. Denn selbst der damals mächtigste Mann der Welt musste feststellen, dass vieles nicht so schnell vorangeht, wie er es sich vielleicht gewünscht hätte. Aber gleichzeitig spürte man noch immer seine Leidenschaft und seine Überzeugung, diese Welt zu einem besseren Ort machen zu können – und zu müssen.

Das war aber nicht mein erstes Treffen mit ihm: Bereits 2008 hatte ich ihm die Hand geschüttelt (für das nächste Mal hoffe ich auf eine Umarmung). Im Rahmen meines Praktikums für den Barack-Obama-Wahlkampf war ich damals drei Monate lang in den amerikanischen Städten Detroit und Michigan unterwegs ... Es war ein superheißer Tag, als ich ihn das erste Mal live erlebte, und wir Praktikant*innen waren natürlich alle sehr aufgeregt. Der Mann, für den wir an unzähligen Haustüren geklingelt, für den wir Spenden gesammelt, Ehrenamtliche rekrutiert, für den wir Wahlkampf gemacht hatten, kam in die Stadt. Menschenmassen strömten auf den Marktplatz, um ihn zu sehen: den Präsidentschaftskandidaten der Demokraten. Wir verteilten Wasser und warteten. Und warteten. Es wurde zehn, dann elf Uhr – und er war immer noch nicht da ... und dann kam er endlich. Die müden Zuschauer erhoben sich, die Mittagshitze spürte man fast nicht mehr, und ein Raunen ging durch die Menge, als Barack Obama lässig auf die Bühne sprang. Er fing an zu reden und erzählte davon, wie Veränderung zu etwas Gutem führen kann. Wie dringend die USA diesen *Change* brauchen. Und er schaffte es, dem gebeutelten Detroit Hoffnung zu geben: Ja, die Arbeitslosigkeit gehört bekämpft. Ja, ein Gesundheitssystem für alle braucht es. Und ja, um wieder stark zu werden, müssen die Veränderungen jetzt passieren – und ich werde zusammen mit euch diese Veränderungen machen: »Yes we can!«

Ich stand am Rande der riesigen Menschenmenge und war sowohl fasziniert als auch irritiert. Fasziniert, weil einem dieser Mann das Gefühl vermittelte, als würde er nur mit dir persönlich sprechen (was aber nicht stimmte, da waren ja Tausende – und nicht nur ich), und gleichzeitig irritiert, wie eine Person es schaffen kann, so viele Menschen in den Bann zu ziehen. Das kannte ich von den politischen Führungspersonen aus Deutschland eindeutig nicht, und das führte mir zum ersten Mal schlagartig vor Augen, was durch gute Kommunikation alles möglich ist. Wenn du erklärst, wenn du wirbst, wenn du klar und konsequent bei deiner Botschaft und deinem Thema bleibst. Wenn du Stellung beziehst und vor allem: wenn du Hoffnung versprühst. Hoffnung auf ein besseres Morgen. Hoffnung darauf, dass dein Sohn auch in der großen Automobilkrise in Detroit wieder Arbeit findet. Hoffnung darauf, dass mit Veränderungen die Gesellschaft gestaltet werden kann. Mittlerweile bin ich fest davon überzeugt: Nur mit Hoffnung als rotem Faden in der eigenen Erzählung kann man gegen den Angstdiskurs der Rechten und Rückwärtsgewandten bestehen.

Denn Angst blockiert, lässt uns engstirnig werden und nur noch begrenzt denken. Wir brauchen aber Menschen, die weiterdenken, über den Tellerrand hinaus. Und um sie zu motivieren, braucht es Offenheit. Es braucht Erzählungen von einer guten Zukunft, an die sich alle halten könnten. Die Orientierung geben und den Weg aufzeigen. Und genau das probiere ich als Politikerin zu geben. Ich kenne es ja von mir selbst: Wenn um mich herum alle nur jammern, negativ drauf sind und prinzipiell nur das Schlechte sehen, ist es selbst für mich als unerbittliche Optimistin schwierig, neue Lösungen zu finden.

Als Spitzenkandidatin im Bayerischen Landtagswahlkampf habe ich 2018 das Motiv Mut in den Mittelpunkt gestellt. Ich bin fest davon überzeugt, dass Mut der Schlüssel dazu ist, die vielen Herausforderungen, die auf uns warten, zu meistern. Und dass Führungspersonen Mut geben müssen, statt Angst zu machen. Ja, die Digitalisierung zu bewältigen wird nicht einfach. Ja, die Klimakrise ist schon längst da. Ja, soziale Sicherungssysteme für die Zukunft zu wappnen ist kein Kinderspiel. Aber warum sollte es denn nicht klappen, eine gute Zukunft für alle zu gestalten? Für jede Herausforderung gibt es Expert*innen, die genau in dem notwendigen Bereich schon geforscht oder Praxiserfahrungen gesammelt haben. Man muss dieses Wissen nur abgreifen und zusammenbringen. Und mutig, leidenschaftlich und ideenreich an die Sachen rangehen. Genau das betone ich in meinen Reden auch immer wieder. Egal ob vor 1800 Personen auf dem Dachauer Volksfest oder vor 30 Studierenden in kleiner Runde – bei meinem Publikum kommt das gut an. Oft bedanken sich nach meinen Reden die Menschen genau dafür: dass wir gemeinsam darüber diskutieren, was wir verändern können – und uns nicht im ständigen Lamentieren aufhalten, was alles nicht geht.

Dass meine Art zu reden sich auszahlt, erfuhr ich über eine WhatsApp, die ich bekam, als ich in einer der vielen Wahlkampfstrategiesitzungen saß. Der Verband der Redenschreiber deutscher Sprache hatte alle Spitzenkandidat*innen zur Landtagswahl beurteilt, und ich hatte als erste Frau mit Abstand den ersten Platz geholt: »Die vorliegende Rede ist herausragend in mehrfacher Hinsicht: Die Rednerin überzeugt mit einem durchgehend klar strukturierten und stringent durchdachten Aufbau ihrer Rede, der immer wieder auf die Kernbotschaft ›Wir machen Politik, die Mut gibt!‹ einzahlt.« Jetzt hatte ich es schwarz auf weiß. Zuerst konnte ich es gar nicht richtig fassen. Denn meine Art zu reden und ich standen oft auf dem Prüfstand. Seit zehn Jahren gehört Reden zu meinem Handwerkszeug. Reden ist etwas, was Politiker*innen ständig tun. Doch ich habe schon unzählige Male gehört, dass ich falsch reden würde: zu schnell, zu emotional, zu viel mit meinen Händen, zu euphorisch, nicht konventionell gut genug und was weiß ich noch alles. Am Anfang habe ich mir das sehr zu Herzen genommen, aber irgendwann lernte ich den Unterschied zwischen konstruktiver Kritik und den Herren, die einfach meine Art zu anstrengend fanden. Und denen kann und wollte ich nicht helfen. Ich bin sehr froh, dass ich meiner Intuition folge und meinen eigenen Weg gefunden habe. Darum habe ich mich auch so über diese Auszeichnung gefreut und sage zu allen jungen Politiker*innen, Schüler*innen, Studierenden und jedem und jeder, der es hören möchte: Du bist genug. Authentizität zahlt sich am Ende aus. Nichts verbieten lassen und der eigenen Sprache treu bleiben, denn: »You have to do it your way!«

Zur Kommunikation im 21. Jahrhundert gehört aber auch die Kommunikation über Social Media: 90,3 Prozent ab 14 Jahren – das sind 63,3 Millionen Menschen in der deutschsprachigen Bevölkerung – sind online.[7] Ich hatte mir, als ich 2013 in den Landtag gewählt wurde, vorgenommen, weiterhin transparent über meine Arbeit zu berichten. Und nachdem ich schon davor keinerlei Berührungsängste mit Social Media hatte, war für mich klar, dass Kommunikation über meine Arbeit nicht nur aus Pressemitteilungen bestehen und über meine Website laufen wird. Der *Vielfaltsbericht der Me-*

dienanstalten hat 2018 aufgelistet, welche die wichtigsten Kanäle für Informationen über das Zeitgeschehen in Deutschland und der Welt sind: Dabei liegt das Fernsehen hierzulande mit 34,1 Prozent immer noch auf Platz eins, dicht gefolgt vom Internet (30,6 Prozent). Über Tageszeitungen informieren sich 18,9 Prozent der Menschen, 10,4 Prozent per Radio und 1,8 Prozent über Zeitschriften.[8] Hier sieht man auch deutlich, dass das Alter bei der Auswahl des Mediums eine gravierende Rolle spielt: Bei den 14- bis 29-Jährigen liegt das Internet als Informationsquelle mit 46,1 Prozent deutlich vor dem Radio (19,6 Prozent) und der Tageszeitung (17,3 Prozent); bei den über 50-Jährigen ist die Tageszeitung mit 44,1 Prozent noch auf Platz eins, gefolgt von Radio (20,8 Prozent), Fernsehen (19,5 Prozent) und Internet (11 Prozent).[9] Um Nachrichten zu lesen und darüber zu diskutieren sind Facebook mit 24 Prozent, gefolgt von YouTube mit 15 Prozent und WhatsApp mit 14 Prozent die am häufigsten genutzten sozialen Medien.[10] Sobald sich neue Informationskanäle erschließen, kann ich meine Botschaft ja nicht nur auf einem Kanal verbreiten, sondern muss sie zielgruppen- und kanalspezifisch aufbereiten.

Neben meinen verschiedensten schon vorhandenen. Social-Media-Kanälen habe ich – wie ich Anfang des Buches kurz erwähnte – als erste Landtagsabgeordnete in Bayern einen YouTube-Kanal gestartet: Dort findet man unter anderem das Landtags-ABC, in dem ich die Basics der Landtagsarbeit erkläre. Beispielsweise dass die Abgeordneten einer Partei eine Fraktion bilden, es drei verschiedene Arten zum Abstimmen im Plenum gibt (per Handzeichen oder Aufstehen, Stimmkarte und als Hammelsprung) und wie es in einem Ausschuss abläuft. Denn wir Politiker*innen müssen uns bewusst machen, wie wenige ganz genau wissen, an was wir in einem Landtag arbeiten, wie wir arbeiten und wie lange es dauert, bis ein Gesetz tatsächlich beschlossen wird. Darum gibt es bei mir Berichte aus dem Innenausschuss: wie frustrierend es etwa ist, wenn man viele Wochen an einem Antragspaket für die Stärkung der Zivilgesellschaft gearbeitet hat und innerhalb von 20 Minuten alles abgelehnt bekommt mit der Begründung: »Brauchen wir nicht. Bei uns in Bayern ist alles super.« Selbstverständlich nutze ich meinen Kanal auch dazu, etwas über die Grünen Ideen für mehr Demokratie zu erzählen, und zeige auf, wie wir es machen würden. Oder ich berichte in den Instagramstorys, dass zum Leben einer Abgeordneten nicht nur Plenarsitzungen gehören, sondern auch viele Abende, an denen man müde von einer Veranstaltung aus Aschaffenburg, Kempten oder Hof zurückfährt. Der Zug hat Verspätung, man verpasst den Anschlusszug oder steht im Winter verfroren an irgendwelchen Bahnhöfen.

Wichtig ist jedoch, dass man vor lauter Social-Media-Hype das Vieraugengespräch nicht vergisst. Aus dem Wahlkampf für Barack Obama habe ich eine entscheidende Sache mitgenommen: Das effizienteste Wahlkampfinstrument ist nicht das Internet oder der Infostand. Es ist der Haustürwahlkampf. Der direkte Kontakt und die Möglichkeit zum Dialog. Voller Motivation und Begeisterung bin ich also zurück nach München gekommen und habe den Haustürwahlkampf bei uns vor Ort implementiert: »Grün klingelt!« – so heißt es. Und ja, wir klingeln wirklich an den Haustüren. Und es ist gar nicht schlimm. Es stellte sich sogar als überraschend gut heraus, denn die allermeisten Menschen sind ziemlich erstaunt und auch erfreut, wenn »die Politik« mit ihnen reden möchte. Die größere Hürde bestand eher darin, die Parteimitglieder davon zu überzeugen, wie effizient und zielführend diese Art von Wahlkampf wirklich ist. Ich habe also eine Schulung nach der anderen angeboten, weil ich nämlich noch genau wusste, dass ich mir beim ersten Mal klingeln in den USA auch dachte: Die spinnen doch. Das wird nie funktionieren. Ich werde nicht wissen, was ich sagen soll und was ich machen soll, wenn ein Hund kommt und mich beißt!? Ist alles nicht passiert, und das merkt jede und jeder, der oder die es mal ausprobiert!

In meinem ersten Wahlkampf haben mein Team und ich also an 4725 Haustüren geklingelt, im Wahlkampf 2018 waren es schon 8433. Und wir konnten sogar statistisch nachweisen, dass in den Gebieten, in denen wir geklingelt hatten, das Wahlergebnis im Vergleich zu Gebieten ohne Haustürwahlkampf im Schnitt um eineinhalb bis zwei Prozentpunkte anstieg.

Wenn wir über Kommunikation sprechen, dann reden wir auch über Führung. Gerade in der Politik kommt es auf die Kommunikation der Führungskräfte an. Besonders wichtig dabei: zuhören. Miteinander reden. Die eigenen Ideen und Vorstellungen transportieren. Erklären. Und dann wieder zuhören. Ich selbst bin ein Fan des transformationalen Führungsstils: Eine gute Führungskraft versteht es, die gemeinsame Vision zu transportieren, zu inspirieren und die Sinnhaftigkeit nach vorne zu stellen. Natürlich ist hier auch die Haltung entscheidend – moralische und ethische Standards, die ich von anderen erwarte, muss ich selbst erst mal erfüllen. Und letztendlich gehört zur Führung auch die Fähigkeit, Menschen anzuregen, Probleme eigenständig zu lösen und ihnen den nötigen kreativen Freiraum zu geben. Das alte Führungsmodell, mit Druck und Bestrafung zu arbeiten, funktioniert nur kurzfristig. So werden keine Potenziale gehoben. Wir suchen aber dringend Menschen, die sich einbringen, die mitdenken, die selbst an Lösungen arbeiten und Interesse haben, langfristig die Veränderungen in der Gesellschaft mitzutragen. Das erreiche ich doch viel leichter durch Motivation, indem ich die Sinnhaftigkeit des Tuns aufzeige und einen Weg skizziere. Und dafür braucht es Führungskräfte, die diesen Stil verinnerlicht haben, Sinn geben und *empowern*.

Und noch eine Sache habe ich in meiner langjährigen Zeit

als Führungskraft gelernt: Das Team gewinnt. Immer. Wer noch dem Glauben anhängt, eine Person müsse alles wissen und können sowie alles alleine entscheiden, der hat es nicht verstanden. In unserer hochkomplexen Welt kann und muss ich nicht alles wissen und können. Das geht gar nicht mehr. Aber ich brauche Personen um mich herum, denen ich vertrauen kann, die mir vertrauen und die verschiedene Fähigkeiten mitbringen, die wir als Team benötigen. Als Führungskraft ist es dann mein Job, die Kreativität und die Fähigkeit zur eigenständigen Problemlösung zu fördern sowie Verantwortung abzugeben. Als Team ist man nicht nur schneller, schlagkräftiger und erfolgreicher, es ist auch einfach angenehmer, gemeinsam zu arbeiten. Ich bin jetzt seit sechs Jahren Abgeordnete – oft ist das sehr schön, manchmal aber auch furchtbar anstrengend. Wenn ich mein Team nicht hätte, mit dem ich das alles zusammen stemmen könnte, würde ich das nicht schaffen. Man sieht ja nur den oder die Politiker*in, die im Fernsehen vor der Kamera steht, aber dass sich ein ganzer Stab an Mitarbeiter*innen dahinter verbirgt, ist oft nicht ersichtlich. Aber natürlich koordinieren sich die unzähligen Termine nicht von allein: Irgendjemand muss die Bürgeranrufe im Büro annehmen. Die ersten Vorbereitungen für den Ausschuss übernehmen. Pressemitteilungen schreiben, die Webseite befüllen etc. Selbst die Entscheidung, bei welchen Veranstaltungen man redet – oder eben nicht –, wird gemeinsam getroffen. Und sogar die Entscheidung, welches Kostüm man bei Fastnacht in Franken anzieht, fällt sich leichter im Team. Die halten einen im besten Fall nämlich von großen Peinlichkeiten ab. Dafür haben wir Abgeordnete zum Glück Mitarbeiter*innen. Sie sind nicht nur eine organisatorische und inhaltliche Stütze, sondern auch eine emotionale. Wie oft bin ich schon nach einer Sitzung in mein Büro gegangen und musste meinen Frust über die Ignoranz der Regierung loswerden, um danach weitermachen zu können.

Auch beim Thema Team gilt: Diversity gewinnt. Verschiedene Herkünfte, Geschlechter, Altersgruppen und Kenntnisse bringen den meisten Erfolg. Erst vor Kurzem hat wieder die McKinsey-Studie *Delivering Through Diversity* gezeigt, dass es einen Zusammenhang zwischen Diversität und Geschäftserfolg gibt. Dementsprechend sollte das Ziel sein, unterschiedliche Hintergründe, Geschlechter und Blickwinkel zusammenzubringen. Nur so ist dafür gesorgt, dass man selbst nicht in seinem gedanklichen Tunnel stecken bleibt. Deshalb liebe ich persönlich auch den Spruch von Konfuzius: »Wenn du die klügste Person im Raum bist, dann bist du im falschen Raum.« Zu meinen Lieblingsterminen als Abgeordnete gehören die, bei denen ich Menschen treffe, die mir Dinge erklären, von denen ich keine Ahnung habe. Nur so entwickle auch ich mich weiter, werde herausgefordert und lerne.

Im politischen Bereich werden Politikerinnen und Politiker gern als Amtsinhaber*in, Demagogen und Demagogin oder Staatsmann und Staatsfrau bezeichnet. Die Amtsinhaber*in ist eine, die Politik verwaltet. Das macht sie vielleicht durchaus ordentlich, scheut sich aber, Widersprüche und Konflikte anzupacken. Der Demagoge beziehungsweise die Demagogin wiederum versucht, die vorhandenen Konflikte zu ihrem eigenen Vorteil auszunutzen. Der Staatsmann und die Staatsfrau sind jedoch in der Lage, einen Ausweg aus diesen Konflikten zu weisen. Was wir brauchen, sind keine Demagogen und Amtsinhaber, sondern mehr Staatsmänner und -frauen. Menschen, die sich vorbehaltlos in den Dienst der Sache stellen und bereit sind, die eigene Person dafür zurückzustellen. Und fähig sind, Lösungen anzubieten und dafür auch Mehrheiten zu gewinnen.

Wie Generationen das Land prägen

Wir erleben derzeit in Deutschland, in Europa, aber auch in Nordamerika, wie sich mutig die jüngere Generation der unter 40-Jährigen – vorwiegend Frauen wie zum Beispiel Alexandria Ocasio-Cortez oder Greta Thunberg – anschicken, Bestehendes umzuwälzen. Das Klima und die natürlichen Lebensgrundlagen schützen ist ihr prominentestes Anliegen. Aber es gibt auch andere: weltoffen zu sein, gemeinsam die europäische Kooperation voranbringen statt ein Verharren im Nationalstaat, die Integration mittels Rechten statt durch Herkunft, ein digitaler Humanismus und nicht zuletzt eine faire Verteilung von Macht, Chancen und Aufgaben zwischen den Geschlechtern. Das sind alles keine neuen Themen, aber bislang standen sie nur am Rande der politischen Agenda. Erst jetzt, da sowohl sozialdemokratische wie christlich-konservative Parteien in ganz Europa erodieren, bekommen diese Themen die verdiente Aufmerksamkeit. Endlich. Das ist gut so. Das ist richtig. Das freut mich sehr. Viel zu lange haben andere Personen und Themen die gesellschaftliche Debatte geprägt.

Seit ich Politik mache, hat jede Rede, die ich bei einem Ortsverband der Grünen oder einem Wirtschaftsverband halte, einen Baustein, den ich das feministische Manifest nenne (so habe ich es jedenfalls auf meinem Redezettel notiert). Dort spreche ich die Ungleichheit zwischen Männern sowie Frauen an und dass wir diese unbedingt beseitigen müssen. Meist war das der Teil der Rede, in dem es etwas unruhiger wurde. Der eine oder andere dachte sich sicherlich: Ist ja ganz nett, aber jetzt reicht's auch wieder. Mittlerweile wird es an dieser Stelle stiller, und das Publikum hört aufmerksam zu. Weil die Stimmen all derer, die gleiche Rechte und Chancen für jedes Geschlecht, jede sexuelle Orientierung oder Hautfarbe fordern, lauter geworden sind. Was lange eher belächelt wurde, wird jetzt bestaunt oder verursacht gar Panik bei denen, die gewohnt waren, die Macht unter sich aufzuteilen – jene Macht, die ihnen nun durch die Hände zu gleiten scheint.

Manch einer würde sogar von einem Generationenkonflikt sprechen. Auf der einen Seite viele Jüngere, die realisieren, dass sie die Überhitzung des Erdklimas am eigenen Leib treffen wird, wenn nicht rechtzeitig gegengesteuert wird. Die keine Lust auf ein Land haben, das vorwiegend in nationalen und traditionellen Kategorien denkt, nachdem sie selbst schon längst global denken und leben. Die die digitale Transformation nicht als technische Spielerei sehen, sondern als tief greifenden Einschnitt in die menschliche Zivilisation, der gestaltet werden muss. Die wissen, dass der demografische Wandel dazu führt, dass es unklar ist, ob und wie ihre staatliche Rente finanziert wird. Und die nicht länger ein Rollenmodell leben wollen, in dem sich die Macht und die beruflichen Chancen immer noch größtenteils in den Händen der Männern befinden, während die Hauptverantwortung für das soziale Zusammenleben bei den Frauen liegt. Auf der anderen Seite manch Ältere, die fürchten, dass die Umwälzungen ihr Lebensmodell und den erarbeiteten Wohlstand fortspülen. Die Angst vor der Entwertung ihrer eigenen Biografien haben und deshalb den veränderungswilligen Jüngeren ihre Beharrungskräfte entgegensetzen.

Ich denke nicht, dass all diese Konflikte durch einen klassischen Kompromiss entschärft werden können. Ein bisschen Klimaschutz führt uns nicht weiter: Entweder wir schaffen es, schnell und konsequent die Klimagase zu reduzieren, oder wir sind in der Klimapolitik gescheitert. Und das darf nicht passieren. Es handelt sich bei dem Thema ja nicht um ein Spiel, um eine Abstimmung, die man verliert. Es geht bei dem Thema buchstäblich ums Ganze. Das weiß die jüngere Generation, denn es geht auch ganz konkret um ihre Zukunft und die der nachfolgenden Generationen.

Gleiches gilt für die EU: Entweder wir entwickeln die EU weiter oder wir überlassen sie den Nationalisten. Dass Letzteres die Jüngeren gar nicht befürworten, sieht man gut am Referendum über den Brexit: Nachdem die ältere Bevölkerung mit großer Mehrheit für den Austritt stimmte – wollten sie doch ihr altes Königreich wiederauferstehen lassen –, konnte die jüngere Generation, die zahlenmäßig unterlegen ist, sich nicht mit dem Verbleib in der EU durchsetzen.

Ich glaube, dass wir den Ausweg aus dem wachsenden Generationenkonflikt an einer anderen Stelle suchen müssen: bei der politischen Kultur. Ein Großteil der politischen Auseinandersetzung war und ist von dem Bemühen geprägt, zu erklären, warum etwas nicht geht: »Nein, das haben wir schon immer so gemacht!«, »Nein, das braucht es nicht!« Wenn ich jedes Mal ein Euro beim Hören dieser Sätze bekommen hätte, könnte ich einen große Party für alle schmeißen. Diese ritualisierte Form des Streits empfinden viele Menschen als abschreckend und zu Recht als nicht zielführend. Das ist ein großes Problem, denn gerade in den sich immer schneller ändernden Zeiten braucht die Politik neue Gesichter, neue Denkweisen. Alte Gewissheiten funktionieren hier nicht mehr. Die Zusammenarbeit muss um der Sache willen passieren, denn die Herausforderungen, die vor uns liegen, sind riesig.

Deswegen ist mein Traum – das hatte ich auch anfangs schon erwähnt –, dass die High Potentials jeder Generation in die Politik gehen. Dass Schulkinder, wenn sie gefragt werden, was sie mal werden wollen, neben »Fußballerin« und »Feuerwehrmann« auch endlich wieder »Politikerin« nennen. Denn in der Politik wird das Miteinander ausgehandelt – da benötigen wir alle Sichtweisen, Altersgruppen, Erfahrungen und vor allem neue Ideen. Und welche Generation wäre dazu besser geeignet als die jüngere. Ich habe bereits in der Schule gelernt, dass man immer Lösungen finden kann. Und in der

Universität, wie man um die Ecke denken muss, um auf neue Ideen zu kommen. Durch die Digitalisierung und somit eine andere Art zu führen ist den jüngeren Generationen das Zusammenarbeiten in flacheren Hierarchien nicht fremd. Daher zieht das Argument »Das haben wir schon immer so gemacht!« bei den jüngeren Generationen nicht mehr. Sie erkennen sofort, was darin verpackt ist: eine billige Ausrede, nichts zu tun. Aber nichts zu tun können wir uns nicht mehr leisten. Darum muss Politik heutzutage erklären, wie etwas gehen kann, und das dann auch umsetzen. Denn, wie sagt man so schön in Bayern: »A bissl wos geht oiwei.« Und genau so ist es auch! Es wäre doch gelacht, wenn wir – die hochindustrialisierte, gut ausgebildete, wohlhabende Gesellschaft – nicht die anstehenden Herausforderungen packen könnten. Lösungen zu suchen, das kann gerne auch im Streit, im Ringen um die besten Ideen erfolgen. Streit per se ist ja nichts Negatives. Ich verstehe Leute nicht, die sagen: »Bloß nicht streiten, das macht man nicht.« Doch. Streit, falls er offen und respektvoll geführt wird, tut gut. Auf diese Weise kommen verschiedene Sichtweisen zusammen, so wird man gezwungen, auch mal eine andere Perspektive einzunehmen – und ja: Emotionen loswerden reinigt auch. Das Wichtigste beim Streit in der Politik ist für mich, dass er über die Werte, die die Politik leiten sollten, den richtigen Weg und die geeigneten Maßnahmen geführt wird. Und natürlich sollte der Streit auch ehrlich ausgefochten werden. Es bringt nichts, wenn Parteien vorgeben, ihr Herz für den Klimaschutz entdeckt zu haben, aber bei dem früheren Ausstieg aus dem klimaschädlichen Kohlestrom mauern. Gleichzeitig hilft es auch nicht, zu versprechen, dass ab morgen alles besser wird. Denn Veränderungen – gerade große und umwälzende – brauchen ihre Zeit. Streiten wir also über adäquate Ideen und Maßnahmen für einen konsequenten Klimaschutz, müssen wir das Wie und Wann mitdiskutieren. Für eine Mobilitätswende mit mehr Fahrradwegen, Platz für Fußgänger*innen und Trams, Busspuren sowie Seilbahnen muss erst die Infrastruktur in der Stadt gebaut werden. Das passiert nicht über Nacht. Nur: Wenn wir damit jetzt aber nicht anfangen, sind wir auch im nächsten Jahrhundert noch nicht fertig.

Dabei frage ich mich, ob in der momentanen Zeit nicht eine große Chance für alle Generationen liegt. Ich bin mir nämlich sicher, dass die meisten älteren Menschen ebenfalls keine dramatische Veränderung des Erdklimas wollen. Sie möchten die Erde in einem lebenswerten Zustand hinterlassen, denn schließlich sind es ihre Kinder und Enkel, die künftig auf ihr leben. Und genau aus diesem Grund ist der Klimaschutz ein Thema, das uns über die Generationen hinweg verbindet, keines, das uns trennt. Mit konsequentem Klimaschutz schützen wir uns und die nachkommenden Generationen. Nachdem der Schutz des Erdklimas eine so gewaltige Aufgabe ist, brauchen wir dafür alle Menschen, ihr ganzes Engagement und jede ihrer Ideen. Die Jungen allein können das Thema nur auf die Tagesordnung setzen – um es zu lösen, müssen die Älteren mit ran. Hier ist auch ihr Wissen und ihre Erfahrung gefragt.

Schließlich gibt es einen weiteren Punkt, an dem in unserer Gesellschaft zwischen den Generationen ein neuer Konsens gesucht werden muss: bei den Staatsausgaben. Für die Haushaltspolitik im Bund und in den Ländern gilt die Maßgabe der Schuldenbremse. Es sollen keine neuen Schulden gemacht werden und bestehende Schulden möglichst getilgt. Begründet wird das mit dem Hinweis, kommende Generationen dürfen keine überschuldeten öffentlichen Haushalte erben. Das ist zwar ein lobenswerter Gedanke, der aber zu kurz greift. Denn die zukünftige Lebensqualität entscheidet sich nicht allein über die Staatsschuldenquote. Die Schuldenbremse hat nämlich auch dazu geführt, dass die Investitionen zurückgegangen sind. Wir brauchen neben der Schuldenbremse also eine Investitionsregel. Etwas zugespitzt formuliert: Was hilft uns ein schuldenfreies Land, wenn gleichzeitig nicht genug in den öffentlichen Verkehr, in die Bildung oder den Ausbau des Datennetzes investiert wurde? Die Schulklos nicht saniert werden, es durch die Dächer der Universitäten regnet, Kindertagesstätten gar nicht erst gebaut werden und die Bahn ständig ausfällt, weil die Gleise nicht instand gehalten wurden? So komme ich mit der schwarzen Null nicht weit. Auch der Ausbau der erneuerbaren Energien ist so eine Investition in die Zukunft. Sie kostet zwar heute viel Geld, verursacht in Zukunft allerdings nur einen Bruchteil der Kosten, die wir für andere Energieträger ausgeben müssten – von den Folgen für das Erdklima ganz abgesehen.

Die Zeichen stehen also auf Veränderung. Und für diese Veränderung müssen die jüngeren Generationen sorgen – junge Frauen stehen dabei in der ersten Reihe. Ich wünsche mir, dass die älteren Generationen nicht versuchen, den Wandel zu blockieren, sondern ihn aktiv mitgestalten und der jüngeren Generation die Verantwortung in allen Bereichen übertragen. Denn jede Generation möchte sich von der vorangegangenen unterscheiden und ihrem Land ihren Stempel aufdrücken: »Each generation wants new symbols, new people, new names. They want to divorce themselves from their predecessors.« Das Zitat, das Jim Morrison, Sänger der Doors, zugeschrieben wird, bringt den Wunsch jeder Generation auf den Punkt: sich in puncto Kleidung, Musik, Habitus und vielem anderen von ihren Eltern abzuheben. Das kann politisch höchst relevant werden – wie Ende der 60er-Jahre des letzten Jahrhunderts im Rahmen der Studentenbewegung. Oder es bleibt bei einer eher modischen Erscheinung, die Konventionen und Äußerlichkeiten infrage stellt, aber nur geringfügige politische Konsequenzen nach sich zieht.

Der tief greifenden Wandel, den wir gerade in allen Lebensbereichen zu spüren bekommen, hat auch damit zu tun, dass die Nachkriegsgeneration und Babyboomer – also diejenigen, die zwischen Mitte der 1930er- und Mitte der 1960er-Jahre geboren sind – langsam ihre Führungspositionen in Politik, Wirtschaft, Medien und Kultur räumen. Beide Generationen haben in den letzten Jahrzehnten das Land geprägt, im Guten wie im Schlechten. Mit der Generation X und vor allem den Generationen Y und Z – Erstere auch Millennials genannt – stehen neue Generationen in den Startlöchern, die nicht einfach nur jünger sind, sondern auch grundlegend anders denken und leben. Das markiert eine politische Wasserscheide. Dazu später mehr, jetzt kommt erst ein wenig Theorie, damit der Hintergrund verständlich wird …

Die Generationenforschung geht auf den Soziologen und Philosophen Karl Mannheim zurück, der den gesellschaftlichen Wandel untersuchte und unterstellte, dass dieser auf die Abfolge der Generationen zurückzuführen sei. Aktuelle Probleme würden von der Jugend anders gedeutet und interpretiert, da sie ja auch über andere Erfahrungen, andere Zugänge zu den Problemen und zur gesellschaftlichen Wirklichkeit verfüge und deshalb andere Lösungskonzepte einfordert. Die ältere Generation bleibe dagegen bei ihrer früheren Orientierung.[11] Dieser Wandel betrifft nicht nur Äußerlichkeiten und möglicherweise volatile Meinungen, sondern geht einher mit einem Umbruch der Werte. Dabei sind Werte so etwas wie der Kompass für das große Ganze: an ihnen orientieren wir unser Verhalten und unsere Einstellungen. Nicht alle fühlen sich folglich den gleichen Werten verpflichtet – die zentralen Werte unterscheiden sich je nach Lebenslage oder auch anhand der Generationen.[12] Ein persönliches System an Werten ist zwar nicht unabänderlich, aber anders als Interessen oder Nutzenerwägungen[13] nicht nur situativ, sondern Teil der eigenen Identität und damit im Zeitverlauf recht stabil. Werte prägen die Sicht auf die Welt, ordnen Präferenzen im Leben und wirken somit natürlich auch auf das politische Verhalten ein.

Ist mir Politik wichtig, weil ich mich als Teil des Ganzen sehe und mich dem Allgemeinwohl verpflichtet fühle? Oder empfinde ich mich eher als unabhängiges Individuum, das möglichst in Ruhe gelassen werden will? Geht es mir mehr darum, dass ich selbst ein angenehmes Leben führe, oder habe ich die gesamte Gesellschaft im Blick? Diese und viele andere Fragen beantworten wir auf der Basis von Werten, die wir aufgrund moralischer Erwägungen ausbilden – vor allem aber durch gemeinsame Erfahrungen erwerben. Einschneidende Ereignisse wie die Ölkrise in den 1970er-Jahren, der Fall der Mauer 1989 und der Zusammenbruch des Warschauer Paktes, aber auch die Reaktorkatastrophen wie Tschernobyl 1986 und Fukushima 2011 sind solche Wegmarken. Jede und jeder von uns hat seine eigene Erinnerung an solche Momente. Der Terroranschlag auf das World Trade Center im Jahr 2001 war beispielsweise für mich eine solche Begebenheit, durch die ich kurz aus meiner jugendlichen Sicherheit gerissen wurde. Es war der erste Tag im neuen Schuljahr, ich war mit meiner Mutter und meinem Bruder im Schreibwarenladen, um Hefte, Stifte und Co. einzukaufen. Als wir wieder im Auto saßen und auf dem Heimweg waren, kam im Radio die Eilmeldung: »Flugzeug ins World Trade Center gestürzt.« Das wirkte im ersten Moment sehr surreal, und wir rätselten, wie denn so etwas bloß passieren kann. Zu Hause angekommen, sahen wir in Endlosschleife die Sequenzen, wie erst ein und dann das zweite Flugzeug in die Tower einschlugen. Schließlich die furchtbaren News, dass noch zwei weitere Flugzeuge als Terrorwaffe genutzt wurden. Ein Angriff auf das Herz Amerikas. Eigentlich sehr weit weg von mir – die ich in Herrsching am Ammersee auf dem Boden vor dem Fernseher saß –, doch spürte ich, dass dieses Ereignis weltpolitisch und gesellschaftlich auch für mich, für uns, weitreichende Folgen haben würde.

Ob ich also in einer stabilen Umwelt aufwachse oder in einer Welt voller Unwägbarkeiten und Brüche prägt mich als

Person entscheidend. Diese Erfahrungen machen die Altersgruppen gemeinsam, unabhängig davon, wie die Individuen damit umgehen. Deshalb werden auch die Generationen und ihr politisches Verhalten zumindest in der Tendenz gemeinsam geprägt. In Deutschland unterscheiden wir vier Generationengruppen:[14]

1. Die Nachkriegsgeneration, die Mitte der 1930er- bis Anfang der 1950er-Jahre geboren wurde und von Krieg, dem Wiederaufbau sowie dem wachsenden Wohlstand der Nachkriegszeit maßgeblich beeinflusst wurde.
2. Die Wohlstandsgeneration, die Anfang der 1950er- bis Mitte der 1960er-Jahre geboren wurde und durch den weiter wachsenden Wohlstand, die Expansion des Bildungssystems und die großen Chancen auf den beruflichen und gesellschaftlichen Aufstieg geprägt ist.
3. Die »Generation X«[15] setzt sich aus den Jahrgängen von Mitte der 1960er- bis Ende der 1970er-Jahre Geborenen zusammen. Sie wuchs im Lichte der Wirtschaftskrisen ab Mitte der 1970er-Jahre auf und ist besser ausgebildet als die Vorgängergenerationen. Allerdings machte sie die Erfahrung eines unsicheren Arbeitsmarktes (nicht zuletzt deshalb, weil der Aufstieg durch die Wohlstandsgeneration blockiert war) und einer beginnenden Globalisierung.
4. Die »Generation Y« umfasst die von Beginn der 1980er- bis Mitte der 1990er-Jahre Geborenen, die mit der Generation X die Erfahrung unsteter Erwerbsbiografien und der Globalisierung teilen. Für diese Generation ist die digitale Welt nichts Neues oder teilweise Befremdliches, da sie damit aufgewachsen ist.

Die »Generation Z« nennt man die ab dem Ende des letzten Jahrtausends Geborenen. Sie dürfen größtenteils noch nicht an politischen Wahlen teilnehmen, sind aber über die *Fridays for Future*-Bewegung längst auf die politische Bühne getreten.

Den beiden erstgenannten Generationen werden eine hohe Leistungsorientierung im Bezug auf ihr berufliches Fortkommen attestiert, ebenso eine große Bereitschaft, sich in Massenorganisationen wie Kirchen, Gewerkschaften und Parteien zu binden. Die materielle Orientierung und das eher kollektivistische Selbstverständnis trennt die Nachkriegs- und die Wohlstandsgeneration von den beiden nachfolgenden Generationen, für die Sinnhaftigkeit, eine intrinsische Motivation im Arbeitsleben, Individualismus und Weltoffenheit wichtige Werte sind. Diese Wertepräferenzen schlagen sich in einem unterschiedlichen Wahlverhalten nieder.[16] Auch im Ergebnis der letzten Europawahl 2019 lässt sich der Unterschied gut erkennen.

Während die CSU und SPD als Parteien, die tendenziell für materialistische Politik und kollektivistische Werte stehen, von den älteren Wähler*innen deutlich stärker bevorzugt werden, entscheiden die jüngeren, individualistisch orientierteren Wähler*innen, eher für die Grünen. So erreichen CSU und SPD bei den über 70-Jährigen zusammen über 70 Prozent der Stimmen – verfügen also über eine Zweidrittelmehrheit. Bei den über 60-Jährigen ist es immerhin noch eine knappe absolute Mehrheit mit 53 Prozent, während bei den 18- bis 24-Jährigen beide Parteien mit insgesamt 20 Prozent gerade noch auf ein Fünftel der Stimmen kommen – die 25- bis 34-Jährigen auf einen geringfügig höheren Anteil mit 28 Prozent. Bei den mittleren Generationen liegt ihr Anteil zwischen 30 und 40 Prozent.[17] Hier sieht man recht gut, wie sich die Präferenzen für verschiedene Parteien entlang des Lebensalters verschieben. Die grundlegenden Vorlieben der jeweiligen Generationen für die einzelnen Parteien funktionieren nicht wie ein Naturgesetz, aber sie lassen sich von der Tendenz her über einen langen Zeitraum empirisch belegen.[18]

Durch den demografischen Wandel wird sich also auf mittlere und lange Sicht auch das Parteiensystem verändern, da CDU/CSU und SPD ihre Dominanz verlieren. Allerdings ist noch nicht ausgemacht, welche Partei oder welche Parteien im Anschluss dominieren, oder ob sich stattdessen ein eher fluides System herausbildet. Dabei stellt sich natürlich auch die Frage, was die Generation Y – die jetzt nach und nach vakant werdende Führungspositionen übernimmt – eigentlich ausmacht und was sich durch sie ändert.

Wie eben angesprochen, bedeutet die Ablösung der Nachkriegsgeneration und Babyboomer in den Führungsetagen der Politik, Wirtschaft und Gesellschaft durch die Vertreter*innen der Generationen X und Y einen tiefen Einschnitt. Es verändern sich nicht nur Werte, Einstellungen und Präferenzen – parallel dazu erleben wir einen kulturellen Wandel, der sich durch alle Sphären unseres Lebens zieht. Vieles, was unsere Gesellschaft in den letzten Jahrzehnten geprägt und strukturiert hat, verändert und erneuert sich: anstatt formaler Qualifikationen und formalisierter Tätigkeiten, statt sich gleichenden Massengütern steht heute das Außergewöhnliche hoch im Kurs. Zählten früher im Arbeitsleben eine standardisierte Qualifikation und die Erfüllung quantifizierbarer Ziele, geht es in der heutigen Wissens- und Kulturökonomie gerade um das vermeintlich nicht Vergleichbare, das Außerordentliche. Nicht mehr die Funktionalität ist das oberste Gebot, sondern die kulturelle Aufladung, die Leistung oder Güter einzigartig erscheinen lässt.[19]

In diesen Verhältnissen wurden die jüngeren Generationen geprägt. Und diese Erfahrungen nehmen sie ihrerseits mit, sobald sie Entscheidungen treffen – sei es in ihrem privaten Leben, als Arbeitnehmer*in, Selbstständige, als Bürger*in, die politische Entscheidungen trifft, oder als Person, die eine Führungsposition bekleidet. Die Generation Y – lange auf der Suche nach ihrem eigenständigen Platz in der Gesellschaft[20] und deshalb auch als »Generation Why« bezeichnet – bildet immer stärker eine eigene Identität und eigene Präfenzen aus, die sich deutlich von den vorherigen Generationen abheben.[21] Zunächst unterscheidet sich die Generation Y deutlich im Hinblick auf ihre Vorstellung von Erwerbsleben sowie von Familie und Freizeit. Der Soziologe Heinz Bude hat das im folgenden Zitat meiner Meinung nach treffend zusammengefasst. Auch ich finde mich darin wieder: »Wer heute die Universitäten, Fachhochschulen oder Berufsakademien verlässt, will nicht mehr, wie die Großeltern aus der Nachkriegszeit, leben, um zu arbeiten, aber auch nicht einfach die Arbeit runterreißen, um das wahre Leben in der Freizeit zu genießen: Sie will vielmehr ein Gefühl der Lebendigkeit bei der Arbeit haben und nimmt dafür in Kauf, dass die Grenzen zwischen Arbeit und Leben fließend werden. Arbeit soll nicht bloß ein Reich der Notwendigkeit, sondern auch eines der Freiheit sein.«[22]

Leistungsbereitschaft wird nicht in erster Linie angetrieben durch die Hoffnung auf sozialen Aufstieg und die Aussicht auf materiellen Wohlstand, sondern von der Hoffnung auf Sinnerfüllung: die intrinsische Motivation macht den großen Unterschied.[23] Bei der Arbeit außer sich zu sein und außer der Arbeit bei sich – diese Erfahrung der Entfremdung ist ebenso negativ besetzt wie starre Hierarchien und paternalistische Führungsstrukturen.[24] Die Generation Y sind Digital Natives: Für sie waren fast von Beginn an die digitalen Technologien und Kommunikationswege selbstverständlicher Teil ihres Lebens. 1985 geboren, fühle ich mich bereits als Digital Oma unter den Digital Natives – ich kann mich schon noch dunkel an eine Zeit erinnern, in der SMS schreiben noch etwas Besonderes war und das Coolste am Nokia 6110 das Snakespiel. Ziemlich schnell hat man sich dann aber an die ständige Verfügbarkeit von digitaler Technik, die Normalität des Internets und die vielen Möglichkeiten gewöhnt. Für meine Generation, die Generation Y, zählen Transparenz, flache Hierarchien und Kommunikation auf Augenhöhe also zum Selbstverständnis dazu. Das, finde ich, ist neben manchen negativen Begleiterscheinungen der Kommunikation über die sozialen Medien eine positive Wirkung.

Trotz guter Ausbildung haben die Yer den Start ins Erwerbsleben oft als schwierig und voller Hindernisse erlebt: Unbezahlte Praktika, immer wieder befristete Verträge – obwohl gute Abschlüsse und Auslandserfahrungen vorhanden waren, blieben Planbarkeit und Sicherheit auf der Strecke. Als ich mein Studium der Politikwissenschaft, Interkulturellen Kommunikation und Psychologie begonnen habe, hieß es bei der Einführung ständig, dass das ja alles mit so einem Studium nicht einfach sei. Und falls man nicht in drei Jahren den Magister hat – parallel zum Studium zehn Praktika und zwei Auslandsjahre –, klappt der Berufseinstieg sowieso nie. Also habe ich in fast allen Semesterferien bei verschiedenen Unternehmen, Nichtregierungsorganisationen und in der Politik ein Praktikum gemacht (und wenn mal nicht, fühlte ich mich auf alle Fälle sehr schlecht). Diese, meine Generation weiß, der Aufbau und die Pflege persönlicher Netzwerke ist ebenso wichtig wie die permanente Fortbildung, um dem stetigen Wandel des Arbeitsmarktes gewachsen zu sein. Denn die Erfahrung der schwindenden Bedeutung von Massenorganisationen stärkt den Wunsch, individuell und eigenverantwortlich zu agieren: Darum spielen Communitys oder informelle Netzwerke auch eine sehr wichtige Rolle für die Orientierung, den klassischen Institutionen und ihren Regeln wird hingegen eher misstraut. Allerdings ist es nicht das Projekt der Yer, gegen Barrieren und Normierungen anzukämpfen. Das war eher das Anliegen der Babyboomer und der Generation X. Jetzt geht es vielmehr darum, soziale Zusammenhänge neu zu formieren.[25]

Individualität und Offenheit sind immens wichtig, das hängt mit den neuen Technologien ebenso zusammen wie mit dem prägenden politischen Erlebnis vieler Millennials: dem Anschlag auf das World Trade Center am 11. September 2001 und den darauf folgenden weltpolitischen Verwerfungen, die bis heute nachwirken. Ich wette, jede und jeder aus dieser Generation weiß noch genau, wo er oder sie sich zu diesem Zeitpunkt befunden hat. Dennoch oder vielleicht gerade deswegen hat diese Generation eine weltoffene und optimistische Grundhaltung entwickelt.[26] Die Generation Y ist offen für Veränderung, sie bejaht technologische Innovation und gesellschaftliche Modernisierung ausdrücklich – wozu übrigens auch gehört, dass sich die Geschlechter in ihren Werten, Wünschen und Normen kaum unterscheiden. Und auch wenn die *Fridays for Future*-Bewegung von der Generation Z getragen wird, kann man getrost davon ausgehen, dass ökologische Themen wie die Klimaüberhitzung und das Artensterben für die Generation Y längst von einem symbolischen zu einem substanziellen Problem geworden sind. Sie wissen, dass sie die Folgen eines ungebremsten Temperaturanstiegs noch viel drastischer am eigenen Leib erfahren werden, als dies bereits heute der Fall ist.

Die optimistische, pragmatische, unideologische und zukunftsoffene Grundhaltung meiner Generation Y lässt mich hoffen, dass wir als handelnde Bürger*innen und als Führungspersonal unser Land zum Guten verändern können – und so von der Generation Why zur Generation How werden, die ähnlich wie die Babyboomer vor uns dem Land ihren Stempel aufdrücken. Ich bin ja ein großer Fan der Hol- und Bringschuld. Es ist jetzt an der Zeit und an uns, diese Verantwortung zu übernehmen. Packen wir es gemeinsam an! Sich der eigenen Fähigkeiten bewusst zu werden, Verantwortung anzunehmen und zu übernehmen, die Gesellschaft zu gestalten. Das wünsche ich mir.

Die Zukunft ist weiblich

Ich mag diesen Satz. Es ist nämlich auch hier an der Zeit. Und ich bin so froh, stolz und glücklich über all die vielen Frauen, die tagtäglich für unser aller Rechte, für Solidarität, Menschlichkeit, eine gute Zukunft und für unsere Demokratie einstehen. Von Greta Thunberg, die eine weltweite Klimabewegung initiiert hat, über Emma González, die mutig und entschlossen gegen die Waffenlobby in den USA kämpft, und Malala Yousafzai, die nicht müde wird, über Bildungsgerechtigkeit in der ganzen Welt zu streiten, bis hin zu Alexandria Ocasio-Cortez, die als jüngstes Kongressmitglied in den USA schon für viel Wirbel und klare Aussagen sorgte. Nicht zu vergessen all die Frauen, die sich in unserem Land für bedeutende Themen einsetzen: wie beispielsweise Christine Finke in ihrem Blog *Mama arbeitet* gegen die Diskriminierung Alleinerziehender anschreibt. Oder Julia Post, die sich vor Ort gegen die Einweg-Kaffeebecherflut starkmacht, sowie all die anderen, die sich gegen Hass und Hetze im Netz stemmen, weil das eben nicht etwas ist, was man zu erdulden hat.

Was eint all diese Frauen? Der Wille nach einer geschlechtergerechten, solidarischen und menschlichen Welt. Und sie treten dafür in einer Klarheit und Direktheit ein, dass man ihnen nur dankbar sein kann. Sie wissen – genau wie unzählige andere Frauen und Mädchen –, es ist jetzt an der Zeit, zu handeln: Wir können und wollen nicht mehr ertragen, dass Menschen im Mittelmeer ertrinken, obwohl sie gerettet werden könnten. Wir können und wollen nicht mehr ertragen, dass die Starkwetterereignisse zunehmen, obwohl man eine Energiewende herbeiführen könnte. Wir können und wollen nicht mehr ertragen, dass Frauen weniger Geld für gleichwertige Arbeit verdienen.

Dass das weibliche Jahrhundert jetzt angebrochen ist, liegt auch an den vielen mutigen Frauen der Vergangenheit. Sie haben sich bereits vor über 100 Jahren für Frauenrechte eingesetzt, für uns Menschenrechte wie das Wahlrecht erkämpft (ohne das uns Feminist*innen heute jegliche Grundlage fehlen würde), für ein liberaleres Abtreibungsrecht gestritten – und dafür lobbyiert, dass 1977 endlich die »Hausfrauenehe« abgeschafft wurde. Denn bis dahin durften Frauen nur berufstätig sein, wenn ihre Ehemänner es gestatteten. 1997 (sic!) wurde auf Drängen der Frauen auch endlich die Vergewaltigung in der Ehe für strafbar erklärt … um nur ein paar Beispiele zu nennen. Dafür vielen Dank!

Ausruhen auf den Erfolgen der Vergangenheit können wir uns aber leider nicht. Sieht man sich die Faktenlage allein in Deutschland an, merkt man schnell: Es gibt noch viel zu tun! Obwohl Mädchen und Frauen die besseren Noten und Abschlüsse haben, ziehen sie immer wieder den Kürzeren. Die berühmt-berüchtigte gläserne Decke ist eben nicht nur ein gern genanntes Klischee, sondern Wirklichkeit. An den Zahlen kann man es deutlich ablesen: In den Vorständen der 160 deutschen börsennotierten Unternehmen lag der Frauenanteil im Februar 2019 bei 8,8 Prozent. Von diesen Unternehmen hat sich ein Drittel für den Vorstand bis 2022 die Zielgröße »null Frauen« gesetzt. Und das, obgleich die Unternehmen gesetzlich verpflichtet sind, feste Zielgrößen für die Steigerung des Frauenanteils in ihren Vorständen zu veröffentlichen! Und erst 2019 gab es die erste weibliche Vorstandsvorsitzende in einem der 30 DAX–Unternehmen.[27]

Auch an den Hochschulen ist noch viel Luft nach oben: Hier lehren 75,9 Prozent Professoren, aber nur 24,5 Prozent Professorinnen,[28] Und 30,7 Prozent der Stiftungsgremien sind ausschließlich mit Männern besetzt, wohingegen 2,1 Prozent rein weiblicher Natur sind.[29]

In den Parlamenten sieht es keinen Deut besser aus, da gibt es eine klar erkennbare, einfache Regel: Je kleiner die Gemeinde, desto niedriger der Frauenanteil im Stadt- beziehungsweise Gemeinderat.[30] Im Bundestag lag Anfang 2019 der Frauenanteil bei 31,3 Prozent[31], im Bayerischen Landtag waren es ganze 27 Prozent,[32] und auf kommunaler Ebene schaut es wie gesagt noch düsterer aus. Erst 1993 gab es die erste Ministerpräsidentin eines deutschen Bundeslandes, nämlich Heide Simonis, und 2005 die erste Bundeskanzlerin, Angela Merkel.

Ja, Politik ist männlich geprägt, männlich dominiert. Da hilft auch die lange Amtszeit von Bundeskanzlerin Angela Merkel wenig. Sich durchsetzen, Macht ergreifen, Netzwerke knüpfen – all das sind vermeintlich männliche Eigenschaften, die eher Männern als Frauen zugeschrieben werden. Zeigen Frauen dagegen solche stereotyp männlichen Verhaltensweisen, werden sie sogar negativ bewertet, weil man ihnen die typisch weiblichen Charakteristika abspricht (»Backlash-Effekt«). Die Politik hat frauenfeindliche Strukturen: endlos lange Sitzungen bis in den Abend hinein, informelle Spielregeln, viele Wochenendtermine und sehr häufig kaum Angebote zur Kinderbetreuung. Gerade in der Kommune ist ein Mandat in der Regel ein Ehrenamt. Nachdem Frauen aber immer noch überproportional Care-Arbeit übernehmen, ist für sie der Dreifachspagat zwischen Familie, Beruf und Ehrenamt besonders groß. Auch die Netzwerke in der Politik sind noch zu weitmaschig: Frauen werden weniger motiviert, für ein Amt oder Mandat zu kandidieren – und auch die Nominierungsprozesse sind nicht immer transparent.[33] Zu frauenfeindlichen Strukturen gehört auch immer, dass Männer sich mehr erlauben dürfen.

Was kann man also dagegen tun? Erst mal muss das Wahlrecht geändert werden: Ein »Hälfte-der-Macht-Gesetz« muss her, damit die Ausrede der Parteien »Es gibt ja keine Frauen, die kandidieren wollen!« nicht mehr greift. Brandenburg und Thüringen haben so ein Gesetz beschlossen – ich finde, das brauchen wir in ganz Deutschland. Mittels dieser gesetzlichen Regelung findet man die Frauen, parallel dazu müssen die

Parteien konsequente Frauenförderung betreiben: Trainings, Seminar- und Coachingangebote, Vernetzungsmöglichkeiten und interne Quotenregelungen. Es muss leichter und niedrigschwelliger sein, politisch aktiv zu werden. Und man muss die Sitzungskultur ändern – das freut auch manche Männer: eine effizientere Gestaltung der Sitzungen, Möglichkeiten der Beteiligung durch Online-Partizipation und eine Entbürokratisierung von Verfahrensweisen. Und natürlich muss die Vereinbarkeit von Amt und Privatleben endlich den Stellenwert bekommen, den es verdient: durch einen Ausbau der Kinderbetreuungsangebote, zur Pflege von Angehörigen, zur Verteilung der Care-Arbeit auf mehrere Schultern – um nur ein paar Aspekte zu nennen.

Ganz wichtig dabei ist für mich, dass sich nicht die Frauen ändern müssen, sondern das System. Ich werde allergisch, wenn ich höre, Frauen sollen doch mit tieferer Stimme reden, weniger bunte Kleidung tragen oder lautstark in jedes Mikro sprechen, das ihnen unter die Nase gehalten wird. Wir brauchen eine Kultur – nicht nur in der Politik –, in der jede und jeder teilhaben kann, so wie er oder sie ist. Man kann genauso gut Politik machen, wenn man introvertiert ist und nicht gern große Reden im Festzelt schwingt. Ziel muss es sein, dass die eigenen Stärken gefördert und herausgehoben werden.

Eigentlich ist alles ganz einfach: Frauen machen die Hälfte der Bevölkerung aus und haben somit jedes Recht, zur Hälfte an der Macht beteiligt zu sein, die gleichen Ressourcen sowie die gleichen Chancen auf Teilhabe innezuhaben. Ich finde, die Zeiten der Freiwilligkeit in all diesen Bereichen sind endgültig vorbei. Wie lange lese und höre ich schon, dass Unternehmen »jetzt aber wirklich die Frauenförderung ganz oben ansiedeln«, aber dann bei der Besetzung des Vorstands »leider doch wieder keine Frau finden konnten«. Das ist schlicht und einfach Unsinn und kein sachlich überzeugendes Argument. Es gibt genügend Frauen. Es gibt zahlreiche hervorragend ausgebildete Frauen. Studien zeigen zudem, dass gemischte Teams kreativer und innovativer sind und so bessere Ergebnisse liefern. Darum brauchen wir gesetzliche Regelungen und die Quote. Denn die Quote schafft echten Wettbewerb, und Old-Boys-Netzwerke sind auf einmal nicht mehr der Schlüssel zur Macht. Eine Quote verändert auch die Führungskultur, den Kommunikationsstil, bewirkt Diversity, führt zu mehr wirtschaftlichem Erfolg und unterstützt die Männer dabei, ihre eingeprägten Muster –»Groß Hans fördert klein Hans« – aufzubrechen. Sobald wir eine ausgewogene Machtverteilung haben und sich die Kultur dadurch verändert hat, können wir die Quotenregel ja wieder beenden.

Es dreht sich beim Feminismus aber nicht nur um das Thema Macht. Es geht auch um die Ressourcenfrage. Mich nervt mittlerweile der Monat März, in dem jährlich der Equal-Pay-Day stattfindet. Jedes Jahr recycle ich meine Pressemitteilung oder meine Social-Media-Posts – denn es hat sich immer noch nichts geändert! Am Equal-Pay-Day erinnern Frauenverbände daran, dass sie etwa bis Mitte März unbezahlt arbeiten müssen. Dass es immer noch geschlechtsspezifische Unterschiede im Stundenlohn gibt. Und der Gender-Pay-Gap beschreibt die Differenz zwischen dem durchschnittlichen Brutto-Stundenlohn von Männern und Frauen. Die bekannten roten Fahnen werden an vielen Rathäusern gehisst, Equal-Pay-Day-Tassen verteilt, die Parteien – auch wir Grüne – machen Veranstaltungen dazu, und kurz ist mal wieder in den Medien, dass Frauen 20,9 Prozent weniger verdienen als Männer.[34] Im europäischen Vergleich ist nur der Gender-Pay-Gap in Estland sowie der Tschechischen Republik stärker ausgeprägt.[35] Bevor jetzt wieder ein Neunmalkluger um die Ecke kommt – ja, das ist der unbereinigte Gender-Pay-Gap. Aber auch wenn man sich den bereinigten Gender–Pay-Gap (der sich ergibt, wenn strukturelle Unterschiede herausgerechnet werden wie etwa die schlechtere Bezahlung in bestimmten

Branchen) anschaut, können wir in Deutschland nicht zufrieden sein: Er liegt immer noch bei 6,4 Prozent.[36]

Was wäre in diesem Land los, wenn Männer ein Fünftel weniger als Frauen verdienen würden? Diesen Zustand hätten wir sicherlich nicht lange. Ich möchte weder im März noch im Februar oder Januar den Equal-Pay-Day begehen. Ich möchte, dass alle Frauen das ganze Jahr gleiches Geld für gleichwertige Arbeit erhalten. Aber das Problem ist ja nicht nur, dass Frauen während ihres Erwerbslebens weniger verdienen als Männer. Der geringere Verdienst mündet letztlich in eine massive geschlechtsspezifische Rentenlücke. In Deutschland liegt sie bei 59,6 Prozent.[37] So viel geringer ist die eigenständige Altersabsicherung von Frauen im Vergleich zu den Männern. Das ist ein riesiges Problem. Denn Frauen sind häufiger von sozialer Ausgrenzung und Altersarmut betroffen – aufgrund von niedrigeren Löhnen und familienbedingten Ausfallzeiten erwerben sie in der Regel geringere Rentenansprüche.

Gehalt, Rente und Macht – das sind die drei Bereiche, in denen die meisten Frauen hinterherhinken. Ganz vorn mit dabei sind sie hingegen bei der unbezahlten Hausarbeit und Kinderbetreuung. Eine 34-jährige Frau leistet täglich 5,18 Stunden Sorgearbeit, während ein 34-jähriger Mann bei 2,31 Stunden liegt.[38] Wenn die Kinder, die in dem Haushalt leben, unter sechs Jahren sind, ist der Gap besonders hoch.[39] Was lässt sich daraus folgern? Viel unbezahlte Hausarbeit und Kinderbetreuung führt meistens zu reduzierten Arbeitszeiten im Beruf – fast jede zweite Frau arbeitet in Teilzeit. Und zur unbezahlten Hausarbeit und Kinderbetreuung kommt oft noch der Mental Load dazu, die Last des Darandenkens.

Neben der gerechten Verteilung von Geld, Macht und Sorgearbeit müssen wir auch die Rollenbilder und Stereotype, die es einer modernen Gesellschaft schwer machen, aufbrechen. Als stolze Patentante regt es mich beispielsweise wahnsinnig auf, dass man der Rosa-Hellblau-Falle kaum entkommt, wenn man ein Geburtstagsgeschenk kaufen möchte. Entweder kann ich das glitzernde Einhorn in Lila, Rosa oder Pink kaufen oder den kompakten Bagger in Blau, Grün oder Rot. Und wo bitte gibt es den Bagger in Rosa und das Einhorn in Blau? Aber nicht nur hier, auch in den Medien, in Film und Kultur werden die Rollenklischees durch die Darstellung und Präsenz der Frauen geprägt: Frauen sind in Filmen immer noch unterrepräsentiert und werden oft in stereotypen Situationen gezeigt – man sieht sie also eher beim Kochen oder Staubsaugen anstatt bei der Erwerbsarbeit. Im Schnitt sind weibliche Figuren auch jünger als männliche.[40]

Aber die Stereotype sitzen in unserer Gesellschaft noch wesentlich tiefer: Ist eine Frau klar und bestimmt, dann gilt sie schnell als zickig und laut. Ein Mann als durchsetzungsstark. Diskutieren Frauen miteinander, wird schnell von »Zickenkrieg« gesprochen, führen Männer ein Streitgespräch, haben sie eine sachliche Auseinandersetzung. Geschlechter-Stereotype sind in unserer Gesellschaft weiterhin stark verbreitet und werden oft als solche nicht erkannt. Frauen und Männern werden aufgrund tradierter Aufgaben im Haushalt und der Sozialisation bestimmte Eigenschaften und Fähigkeiten zugeschrieben. Diese implizieren meist eine Wertung – häufig zum Nachteil der Frauen. Die Frau gilt als emotional, weich und passiv, während ein Mann eher als rational, hart und aktiv beschrieben wird. Schon in den jeweiligen Worten steckt eine Wertung, und es ist schwer, sich aus dieser jahrzehntelangen Sozialisation zu befreien. Ich werde nie den Moment vergessen, als mir das so richtig bewusst wurde: Als Vorsitzende der Grünen Jugend München hatte ich mich an zwei Tagen hintereinander mit jeweils einem Neumitglied auf eine heiße Schokolade getroffen. Es ging um die Neuwahl des Vorstands, zwei Beisitzer*innenposten mussten besetzt werden. Sowohl die junge Frau als auch der junge Mann waren beide seit etwa einem halbem Jahr bei uns Mitglied. Ich traf mich als Erstes mit ihr, wir plauderten, und ich fragte sie direkt, ob sie nicht Lust hätte, Beisitzerin zu werden. Ihre Antwort darauf: »Meinst du wirklich? Ich bin doch erst so kurz dabei ... vielleicht nächstes Jahr? Ich kenne mich doch auch noch gar nicht so gut aus.« Am nächsten Tag die gleiche Frage an den jungen Mann, dessen Reaktion eine ganz andere war: »Klar, warum eigentlich nicht? So schwer kann das ja nicht sein. Das kann ich mir gut vorstellen.« Natürlich ist das nur ein Beispiel. Aber im Laufe meiner jetzt auch schon längeren Mentorinnenzeit saß ich mit vielen jungen Frauen bei einem Tee, heißer Schokolade oder einem Eis zusammen. Alles top ausgebildete Frauen. Alle sozial superkompetent. Und trotzdem haben sie immer wieder Zweifel, ob es denn reicht. Ja. Es reicht.

Ich weiß, Stereotype helfen uns dabei, in einer komplexen Welt zurechtzukommen. Aber allen, die bis drei zählen können, müsste doch eigentlich klar sein, dass jeder Mensch unterschiedlich ist und solche Zuschreibungen die eigene Entwicklung und Entfaltung eindämmen und zu Ungerechtigkeiten führen. Auf dem Arbeitsmarkt sind »typisch weibliche« Berufe wie etwa eine Erzieherin, Krankenpflegerin, Hebamme schlechter bezahlt. Das leuchtet mir nicht ein, denn die Menschen, die mit Alten, Kranken und Kindern arbeiten, sind die Leistungsträger*innen unserer Gesellschaft. Diese Geschlechterstereotype schaden aber nicht nur den Frauen. So unterschiedlich wie Frauen untereinander sind, so sind es ebenfalls die Männer. Auch sie werden durch die Rollenzuschreibungen in ein Korsett gezwängt. Das Gute: Geschlechterstereotype sind kulturell bedingt. Das bedeutet, wir können sie auch verändern. Und genau da müssen wir anfangen!

Als ich mit 25 Jahren zur Vorsitzenden der Münchner Grünen gewählt wurde – dem größten grünen Kreisverband in Deutschland –, gab es einige, die mir anders gegenübergetreten sind als meinen männlichen Kollegen. So konnten sich nicht alle vorstellen, dass ich wirklich die Vorsitzende bin, und ich hatte einige unangenehme bis höchst komische Situationen: Angefangen bei der Frage, ob ich die Praktikantin (sic!) sei, bis hin zum kompletten Ignorieren meiner Wenigkeit bei gleichzeitigem Fokussieren meines männlichen Kollegen während des Gesprächs, war alles mit dabei. Das änderte sich ziemlich schnell, als ich erst ein, dann das zweite Bürgerbegehren organisiert und gewonnen hatte. Allerdings hätte ich auch nichts dagegen gehabt, wenn man mich von Beginn an wie meinen Kollegen behandelt hätte. Und ich kann ein Lied davon singen, wie oft ein Abgeordnetenkollege zu mir nach meiner Rede kam, um mein fesches Kleid zu loben, statt sich inhaltlich mit meinem Gesagten auseinanderzusetzen. Im Gegenzug kenne ich aber niemanden, der oder die zu einem Kollegen geht und ihn nach der Plenardebatte für die gut sitzende Anzughose lobt.

Selbst im Hass schlägt das Thema Gender durch: Mit meinem Kollegen Sepp Dürr machte ich ganz zu Anfang der Legislaturperiode 2013 einen gemeinsamen Shitstorm durch. Wir hatten eine Aktion gegen Geschichtsklitterung gestartet, was den Rechten nicht gefiel. Was sind sie verbal über uns hergefallen! Wir haben uns dann die Mühe gemacht – in einer Art therapeutischen Vorlesung –, die Nachrichten zusammen durchzusehen. Und siehe da, sexualisierte Nachrichten gab es nur bei mir: »Zu hübsch«, »zu hässlich«, Vergewaltigungsandrohungen, Sätze wie »Du gehörst mal wieder ordentlich durchgefickt!« oder »Dich würde ich nicht mal mit der Kneifzange anfassen!« – das alles war nur an mich adressiert. Solche Kommentare bekomme ich regelmäßig. Und dabei ist es egal, zu was ich mich äußere – ob ich über den besorgniserregenden Anstieg des kleinen Waffenscheins rede, die vernetzte Mobilität im ländlichen Raum oder längere Öffnungszeiten von Kinderkrippen.

Es geht also den Kommentatoren nicht darum, sich inhaltlich mit meiner Position auseinanderzusetzen. Sie wollen mit mir nicht über meine Aussagen diskutieren. Sie wollen mich diskreditieren. Ich habe lange darüber nachgedacht, warum das so ist. Für manche Menschen ist die Existenz einer jungen progressiven, feministischen Frau, die eine politische Meinung hat und sich am gesellschaftlichen Diskurs beteiligt, per se ein Ärgernis. Sie macht Angst, erzeugt Wut, regt einen auf, weil sie das sorgsam geordnete Weltbild durcheinanderbringt. Darum schlägt die Meute – meist aus der rechtsextremen, rechtspopulistischen Ecke – auch gern organisiert auf diese Frauen ein. Sie merken nämlich, dass sie nicht mehr die Deutungshoheit über die Zukunft haben. Und da denke ich mir: Dann regt ihr euch eben auf, denn ja, wir werden die Gesellschaft weiter verändern. Und das ist gut so.

Jetzt bin ich eine weiße Frau und damit auch privilegiert auf vielen Ebenen. Wie ich schon erwähnt hatte, habe ich zum Beispiel Mitarbeiter*innen, die mir helfen, diese Kommentare zu sichten, zu löschen, die Personen zu blockieren und strafrechtlich Relevantes anzuzeigen. Ich will mir gar nicht vorstellen, wie viel mehr Mädchen und Frauen abbekommen, die beispielsweise eine andere Hautfarbe haben. Aus Erzählungen weiß ich, dass hier die Hater noch mal krasser zuschlagen. Und wenn ich schon manchmal wie ein Hund leide, muss das bei ihnen ja noch mal so schlimm sein. Das muss aufhören. Dabei stellt sich natürlich die Gretchenfrage: Können wir diese Ungleichheit und die Diskriminierungen nicht endlich ändern? Damit wäre nicht nur den Frauen geholfen, sondern auch den Männern. Ich möchte in einer Gesellschaft leben, in der sich jeder Mensch frei entfalten kann und nicht mehr in Schubladen gesteckt wird. In der sich alle auf Augenhöhe begegnen und sämtliche Aufgaben zwischen den Geschlechtern gerecht verteilt sind.

Bei alldem bin ich optimistisch gestimmt, denn ich merke bei vielen Begegnungen, dass sich so langsam etwas verändert. Gegen das letzte Aufbäumen des Patriarchats organisieren sich immer mehr: Frauen schließen sich zusammen, sind solidarisch und arbeiten klug und konsequent für echte Gleichberechtigung. Auch immer mehr Männer sind mit von der Partie: aus Überzeugung und weil sie unter den unsäglichen Rollenklischees und den Realitäten in der Berufswelt ebenfalls leiden. Männer wollen genauso wenig schräg angesehen werden, wenn sie etwa früher von der Arbeit gehen, weil sie ihr Kind aus dem Kindergarten abholen, oder Elternzeit nehmen und damit ihren Erziehungsbeitrag leisten. Deswegen müssen wir alle mehr Feminismus wagen! Gleiche Chancen und Startbedingungen für alle – unabhängig von Geschlecht und Herkunft. Das sollte unser aller Ziel sein.

Neben dem solidarischen Kampf für echte Gleichberechtigung braucht es aber noch mehr: eine Politik, die Deutschland zu einem Land der Gleichberechtigung macht. Zu einem Land, in dem Geschlechtergerechtigkeit gelebt und in allen Bereichen gefördert wird. Denn Geschlechtergerechtigkeit ist essenziell für ein gutes und zeitgemäßes Leben. Sie muss ein zentrales Anliegen der Regierung sein – kein politisches Nischenfeld – und das gesamte politische Handeln durchziehen. Jedes Ministerium, jeder Gesetzentwurf, jeder Antrag muss das mitdenken, angefangen bei der Führung in der Verwaltung und den politischen Ämtern, die paritätisch besetzt sein sollten.

Um Gleichberechtigung zu fördern, müssen noch viele weitere Maßnahmen ergriffen werden: die Frauenquote für die Hälfte der Macht. Eine bessere Vereinbarkeit von Familie und Beruf durch den massiven Ausbau qualitativ hochwertiger Kinderbetreuung, auch in Rand- und Ferienzeiten. Arbeitszeitmodelle, die die Rushhour des Lebens für alle entzerren. Erwerbsarbeit von Frauen stärken, insbesondere in Vollzeit, damit die finanzielle Absicherung im Alter vorhanden ist. Eine bessere Anerkennung häuslicher Fürsorgearbeit bei der Rentenanrechnung; endlich eine Garantierente, Entgeltgleichheit und Lohntransparenz. Ein Familienbudget statt des Ehegattensplittings, eine Kindergrundsicherung und steuerliche Entlastung von Alleinerziehenden. Zeitgemäße Rollenbilder, die Kindern, Jugendlichen und Erwachsenen freie Entfaltung bieten – dafür müssen Lehrpläne aktualisiert und die schulische Berufswahlberatung verbessert werden. Eine Unterstützung der Behörden und Unternehmen bei der Einführung flexibler Arbeitszeitmodelle. Initiierung flächendeckender Präventionsprogramme gegen Sexismus, Belästigung, Stalking, Gewalt und Frauenhass; Erfassung frauenfeindlicher Gewalt in der polizeilichen Kriminalstatistik; langfristig die Finanzierung von Schutzeinrichtungen wie Frauenhäusern und Fachberatungsstellen auf solide Füße stellen. Und: einen geschlechtergerechten Haushalt, damit die Ressourcen, die ein Land besitzt, auch gleichberechtigt verteilt werden. Es geht. Es geht, wenn man denn will.

Und noch etwas brauchen wir: Vorbilder. Denn von ihnen gibt es jede Menge! Ich habe mich lange dagegen gesträubt, wenn jemand zu mir sagte: »Du bist so ein Vorbild für mich!« Ich finde es nämlich seltsam, mich als ein solches zu bezeichnen. Ich habe Eigenschaften, die empfehle ich anderen nicht. Erst am Wahlabend des 14. Oktober 2018 wurde mir so richtig deutlich, dass es durchaus einen Unterschied macht, wer vorne steht. Um 18 Uhr ging der grüne Balken durch die Decke: 17,6 Prozent für die Bayerischen Grünen! 17,6 Prozent für eine Partei, die in Bayern noch nie über zehn Prozent bei einer Landtagswahl geholt hatte – damit waren wir jetzt zweitstärkste Kraft geworden. In einem Bundesland, in dem die CSU dachte, sie würde auf immer und ewig allein regieren, haben wir die absolute Mehrheit gebrochen. Ich war so froh, so glücklich, so müde und so aufgedreht – vor allem aber erleichtert, dass der Wahlkampf sich ausgezahlt hatte. Dass ich nicht lockergelassen und neben der Ökologie auch das Thema »Gleiche Chancen für Frauen und Männer« als Schwerpunkt gesetzt hatte. Dass ich dafür gekämpft hatte, eine positive Erzählung und Haltung zu entwickeln, denn in meinen Augen holst du niemanden vom Sofa, indem du miesepetrig durch die Gegend läufst. Und das Ergebnis gab mir recht: Wir sind mit unseren Themen durchgedrungen, wir haben Bayern verändert! Das war an dem Abend schon schön zu sehen – und das ist es heute noch. Selbst wenn der Moment, um durchzuschnaufen und sich zu freuen, nur kurz währte. Denn gleich danach begann der Interviewmarathon, und um 19 Uhr stand ich in der sogenannten Elefantenrunde im Studio des ZDF in München, in der wir die Wahlergebnisse analysierten. Darauf bezog sich dann auch eine Nachricht, die ich spät in der Nacht beziehungsweise früh am Morgen zu Hause las. Eine junge Frau schrieb mir, dass sie sich den Wahlabend angeschaut habe, sich eigentlich nicht für Politik interessiere, dann aber mich gesehen habe. Und kaum glauben konnte, dass da eine Frau steht, die so ist wie sie. Wie man denn dorthin komme, ob sie so etwas auch machen könnte und, und, und. Und bei all diesen Fragen wurde mir bewusst: Ja, Sichtbarkeit *matters*. Ich hoffe, dass andere sich durch mich und durch viele andere Frauen ermutigt fühlen, ebenfalls aktiv zu werden. Denn: Wenn du etwas ändern möchtest, musst du damit anfangen. Da gilt die Hol- und Bringschuld: Es müssen Gelegenheiten geschaffen werden, damit man ins Scheinwerferlicht treten kann. Und gleichzeitig muss man die Gelegenheit beim Schopfe packen, sobald sie da ist. Dazu passt auch wunderbar mein Grundsatz: Das kalte Wasser wird nicht wärmer, wenn man länger wartet, bis man hineinspringt. Machen. Einfach machen.

Und deswegen ist es gut und richtig und überfällig, dass Frauen laut sind. Leise sind. Den Mund auftun. Sich das Wort nicht verbieten lassen. Anecken. Fehler machen. Wieder aufstehen. Weitermachen. Klar und unmissverständlich für ihre Haltung eintreten. Gleichzeitig muss die Gesellschaft dies akzeptieren. Es geht ja nicht darum, dass Frauen sich ändern müssen, sondern das System. Nur so verändern sich dann auch gesellschaftliche Realitäten.

Nachwort

Man sieht also, es liegen die skizzierten Herausforderungen und noch mehr auf dem Tisch. Sie warten darauf, endlich angegangen zu werden – und jenseits aller begründeten Sorgen und Bedenken gibt es einige Entwicklungen, die wie ein warmer Aufwind für eine Politik des Mutes wirken und ihr Flügel verleihen.

1. Allen voran sind es die Proteste der *Fridays for Future,* deren Wirkung gewaltig ist. Die Botschaft von der Klimakrise und der Dringlichkeit, sie zu überwinden, ist mittlerweile in jedem Wohnzimmer, in jeder Redaktion, in jedem Büro angekommen. Egal ob man bei der Familienfeier ist oder eine wirtschaftsnahe Zeitung aufschlägt: Die Klimakrise ist Thema. Es ist gut, dass die Botschaft gehört wird! Natürlich sind die Ziele das eine, sie in praktische Politik zu übersetzen das andere. Da kommt es jetzt auf konkrete und wirksame Maßnahmen an. Aber ohne Konsens über die Ziele ist eine mehrheitsfähige Politik kaum vorstellbar.

2. Die autoritären und nationalistischen Kräfte haben einige empfindliche Niederlagen hinnehmen müssen: Bei den Wahlen zum Europaparlament haben diese Parteien fraglos zu viele Stimmen bekommen; aber es waren deutlich weniger als befürchtet. In Italien hat sich Matteo Salvini verspekuliert und selbst aus der Regierung katapultiert. Die FPÖ in Österreich ist bei den Nationalratswahlen nach ihrer Ibiza-Affäre eingebrochen. In Istanbul siegt der oppositionelle Kandidat Imamoglu trotz aller Versuche des autoritären Präsidenten Erdogan, dies zu verhindern. Und immer mehr gesellschaftliche Initiativen gründen sich in Deutschland, um dem Rechtsruck vor Ort, im Netz oder im Sportverein entgegenzutreten.

197

3. Der zu Beginn in nationalistischen und europafeindlichen Kreisen umjubelte Brexit ist für viele zum abschreckenden Beispiel dafür geworden, welche Auswirkungen eine Politik der Nichtkooperation und des nationalen Alleingangs hat. Es bleibt im Sinne der Menschen zu hoffen, dass die Verwerfungen in Großbritannien nicht zu groß werden. Der Brexit und seine Folgen werden aber nicht wenigen die Augen geöffnet haben, die meinten, multilaterale Zusammenarbeit im Allgemeinen und die EU im Besonderen seien überholt.

4. Es gibt berechtigte Hoffnungen, dass der Albtraum Trump tatsächlich in absehbarer Zeit beendet sein könnte. Sei es durch die Amtsenthebung oder durch seine Niederlage bei der Präsidentschaftswahl im November 2020. Bei meiner letzten Reise im September 2019 nach Pittsburgh, New York und Washington habe ich die Gesellschaft in den USA so politisiert wie lange nicht mehr erlebt.

Pessimist*innen werden mir jetzt sofort aufzählen, was immer noch schlimm ist und sich nicht verbessert hat. In einer solchen Liste kommt sicher einiges zusammen. Und ja, darüber zu lamentieren gefällt einigen sehr. Aber sind wir doch mal ehrlich: Wann hat rumjammern schon jemals etwas besser gemacht? Zeigen denn die oben genannten Beispiele nicht eben auch, dass sich scheinbar hoffnungslose Situationen auch drehen lassen können? Man sieht doch, Veränderungen sind möglich. Lasst uns mehr über die Erfolgserlebnisse sprechen! Lasst uns über konkrete Vorschläge für ein gutes Morgen diskutieren und die dann auch umsetzen! Lasst uns Banden bilden und die Kompetenzen der Verschiedenheit zusammenbringen! Macht entsteht, wenn sich Menschen hinter einer Idee versammeln und gemeinsam handeln, sagt Hannah Arendt. Mut, nicht Resignation, steht am Anfang jeder Veränderung.

Dank

Wenn mir vor ein paar Jahren jemand gesagt hätte, Florian Fischer von Droemer Knaur fragt mich, ob ich mir vorstellen könnte, meine Ideen für eine zukunftsgerichtete Politik aufzuschreiben, hätte ich erst mal verdutzt geschaut. Wahrscheinlich habe ich das auch, als wir uns das erste Mal getroffen haben. Danke also für diese Möglichkeit, das Vertrauen in mich und für die Lektorin Alexandra Bauer. Sie hat mit ihrer Geduld und den klaren Vorgaben geholfen, in der kurzen Zeit fertig zu werden.

Dieses Buch wäre auch nie entstanden ohne Alex Burger. Seit ich Politik mache, ist Alex da. Als kühler Kopf, kluger Stratege und vor allem ganz wunderbarer Mensch. Ich freue mich so, dass dieses Buch ein weiteres gemeinsames Projekt geworden ist – und auf alles, was noch kommt!

Ein großes Dankeschön geht auch raus an Sarah Volkert, Philipp Jeßberger, Karin Thelen, Stephanie Rehbock und Georg Nitsche für die wertvollen Anregungen und Ursula Friessl-Späth, Sabine Pilsinger und Anna-Lisa Werner für das gemeinsame Meistern des manchmal alltäglichen Wahnsinns. Und Danyal Bayaz: Danke für deine Geduld und Unterstützung mit meinen ständigen Zusatzprojekten. So happy together!

Liebe Mama, lieber Papa, lieber bester Bruder der Welt! Ihr entdeckt auch viel von euch in diesem Buch. Das ist genau richtig so, denn ohne euch wäre ich nicht ich.

Jetzt bin ich aber gespannt, wie Sie es fanden, und freue mich über Rückmeldungen!

Ihre und eure
Katharina Schulze

Anmerkungen

Ein Plädoyer für mehr Mut

1   Siehe: Jan Werner Müller: Verfassungspatriotismus, Berlin 2010

I. Die großen Herausforderungen unserer Zeit

1   Der Text der Rede ist dokumentiert unter https://www.zeit.de/
reden/die_historische_rede/200110_gettysburg

2   Herfried Münkler: Demokratie gibt es nur ganz oder gar nicht,
in: Die Zeit vom 27.12.2018

3   Die Zahlen stammen von der Bundeszentrale für politische
Bildung. https://www.bpb.de/wissen/NY3SWU,0,0,Bev%F6lke-
rung_mit_Migrationshintergrund_I.html

4   https://www.zeit.de/2018/17/islamdebatte-muslime-statistik-
deutschland-kritik/seite-2

5   Siehe: Regina Arant u.a.: Zusammenhalt in Vielfalt. Das
Vielfaltsbarometer der Robert Bosch Stiftung, Stuttgart 2019

6   Langfristige Projektion der Kirchenmitglieder und des Kirchen-
steueraufkommens in Deutschland. Eine Studie der Albert-Lud-
wig-Universität Freiburg, veröffentlicht am 2.5.2019;
https://www.dbk.de/themen/kirche-und-geld/projektion-2060/

7   Robert Bosch Stiftung, a.a.O.

8   Robert Bosch Stiftung, a.a.O. S. 13

9   Angaben des Deutschen Bundestags: https://www.bundestag.de/
abgeordnete/biografien/mdb_zahlen_19/frauen_maen-
ner-529508

10   Für den Bayerischen Landtag gibt es dazu einen konkreten
Gesetzentwurf:
http://www1.bayern.landtag.de/www/ElanTextAblage_WP18/
Drucksachen/Basisdrucksachen/0000000001/0000000215.pdf

11   Der Gastbeitrag von Hans Joachim Schellnhuber auf der Grünen
Bundesdelegiertenkonferenz am 25.11.2017 ist hier abrufbar:
https://www.youtube.com/watch?v=XaTzTkyg05M&feature=
youtu.be

12   Stefan Rahmstorf: Der globale CO_2-Anstieg: die Fakten und die
Bauernfängertricks, 29.7.2017; https://scilogs.spektrum.de/

klimalounge/der-globale-co2-anstieg-die-fakten-und-die-bau-
ernfaengertricks/

13 Bernd Ulrich: »Wie radikal ist realistisch?«, in: Die Zeit vom
13.6.2018

14 Der vollständige Text des Pariser Klimaschutzabkommens ist auf
den Seiten der Europäischen Kommission abrufbar: https://
ec.europa.eu/clima/policies/international/negotiations/paris_de

15 Siehe: Die SPD rückt von den Grünen ab, Spiegel-Online
24.5.2005; http://www.spiegel.de/politik/deutschland/koalitions-
aussage-spd-rueckt-von-den-gruenen-ab-a-357257.html

16 Siehe: Polen warnt vor »Welt aus Radfahrern und Vegetariern«,
Zeit Online, 3.1.2016; https://www.zeit.de/politik/aus-
land/2016-01/medienreform-polen-kritik-eu-kommission

17 Ralf Fücks: Öko-Autoritär? Nein, Danke!, tagesspiegel.de,
21.2.2019; https://causa.tagesspiegel.de/kolumnen/causa-auto-
ren-1/oeko-autoritaer-nein-danke.html

18 Lisa Herzog: Die Rettung der Arbeit. Ein politischer Aufruf,
Berlin 2019, S. 20

19 Matthias Brandt: Deutschland bleibt Glasfaser-Entwicklungs-
land, veröffentlicht bei Statista.de, 10.7.2019; https://de.statista.
com/infografik/3553/anteil-von-glasfaseranschluessen-in-ausge-
waehlten-laendern

20 WIK-Consult: Flächendeckende Glasfasernetze für Bayern,
1.12.2017; https://www.gruene-fraktion-bayern.de/fileadmin/
bayern/user_upload/download_dateien_2018/WIK_Studie_
fuer_Buendnis_90_Glasfaserausbau_sent_1.12.2017.pdf

21 Siehe: 4G-Netz in Deutschland schlechter als in Albanien,
Zeit-Online am 27.12.2018; https://www.zeit.de/wirt-
schaft/2018-12/mobilfunk-deutschland-europa-bundes-
tag-4g-netz-digitalisierung-vergleich

22 Bericht der Expertenkommission »Sicherheit im Wandel« des
Zentrums für liberale Moderne im Auftrag der Baden-Württem-
berg-Stiftung, Berlin 2019, S. 33

23 Beispielhaft das Institut für Arbeitsmarkt- und Berufsforschung:
IAB-Kurzbericht 9/2018; http://doku.iab.de/kurzber/2018/
kb0918.pdf

24 Carl Benedikt Frey/Michael A. Osborne: The future of Employ-
ment: How susceptible are Jobs to Computerisation?, 17.12.2013;
https://www.oxfordmartin.ox.ac.uk/downloads/academic/
The_Future_of_Employment.pdf

25 Thorsten Riecke: Die Superstars der Wirtschaft ziehen dem Rest
davon, 25.10.2018; www.handelsblatt.com/unternehmen/
management/mckinsey-studie-die-superstars-der-wirtschaft-zie-
hen-dem-rest-davon/23224194.html?ticket=ST-308374-90bgyF-
MQeVMRE9zq4eT4-ap3

26 Karl Marx: Das Kapital. Dritter Band, Berlin 1988, S. 828

27 Algorithmwatch: Atlas der Automatisierung: Automatisierung
und Teilhabe in Deutschland, April 2019; https://algorithm-
watch.org/out-now-atlas-of-automation

28 Valentin Dornis: »Deutschland braucht einen Ethik-Kodex für
Algorithmen«, Sueddeutsche.de 24.10.2018, https://www.
sueddeutsche.de/digital/algorithmen-ethik-regeln-1.4181577

29 Ingo Dachwitz u.a.: FAQ: Was wir über den Skandal um
Facebook und Cambridge Analytica wissen, Netzpolitik.org vom
21.3.2018; https://netzpolitik.org/2018/cambridge-analyti-
ca-was-wir-ueber-das-groesste-datenleck-in-der-geschichte-
von-facebook-wissen/

30 BVerfG, Urteil des Ersten Senats vom 15. Dezember 1983 – 1
BvR 209/83 – Rn. (1–215); hier überprüft: https://www.
bundesverfassungsgericht.de/SharedDocs/Downloads/
DE/1983/12/rs19831215_1bvr020983.pdf?_blob=publication
File&v=1

31 The Shift Project: Towards digital Sobriety, März 2019; https://
theshiftproject.org/wp-content/uploads/2019/03/Lean-ICT-Re-
port_The-Shift-Project_2019.pdf

32 Ebd., S. 23

33 Die Zahlen sind den Berichten des Bundesamtes für Wirtschaft
und Ausfuhrkontrolle entnommen.

34 Eine Übersicht zu dem Thema gibt es bei der Bundeszentrale für
politische Bildung: https://www.bpb.de/partner/ak-
quisos/140469/akquisos-newsletter-social-entrepreneurship

35 Laut Bundesamt für Statistik: https://www.destatis.de/DE/
Themen/Staat/Steuern/Steuereinnahmen/

36 Siehe den Bericht der Deutschen Welle vom 12.1.2017; https://
www.dw.com/de/steuergeschenke-für-umweltsünder/a-37085157

37 Matthias Naß: China hat wieder einen großen Steuermann,
27.10.2017, https://www.zeit.de/politik/ausland/2017-10/
xi-jinping-china-parteitag-5vor8

38 Deutschland verdient Milliarden mit Griechenland-Krediten,
Tagesspiegel 21.6.2018; https://www.tagesspiegel.de/wirtschaft/

zinsgewinne-in-schuldenkrise-deutschland-verdient-milliar-
den-mit-griechenland-krediten/22717682.html

39 Joschka Fischer: Der Abstieg des Westens. Europa in einer neuen
Weltordnung des 21. Jahrhunderts, Köln 2018, S. 105

40 Das ergab eine Umfrage des European Council on Foreign
Relations. Siehe »Bleib cool, Europa« in: Die Zeit vom 25. April
2018

41 Im Interview mit dem Mitgliedermagazin der Grünen, Ausgabe
1/2019

42 Vgl. Deutscher Paritätischer Wohlfahrtsverband: Wer die Armen
sind. Der Paritätische Armutsbericht 2018, Berlin 2018

43 Marcel Fratzscher im Interview mit Die Zeit (»Wer unten ist,
bleibt unten«), Ausgabe 13/2016

44 Dorothea Siems: Deutschland verspielt das Potenzial seiner
Kinder, veröffentlicht 29.8.2017; https://www.welt.de/wirtschaft/
article168081217/Deutschland-verspielt-das-Potenzial-seiner-
Kinder.html

45 Von sterbenden Dörfern und zerstörten Landschaften, Bericht
im Bayerischen Rundfunk am 5.10.2016; https://www.br.de/
nachricht/heimat-zu-verkaufen-182.html

II. Ohne Haltung geht es nicht

1 »Die Moderne ist unglaublich anstrengend«, Interview mit
Armin Nassehi, Hohe Luft, 4/2016

2 Holger Lengfeld/Clara Dilger: Kulturelle und ökonomische
Bedrohung. Eine Analyse der Ursachen der Parteiidentifikation
mit der »Alternative für Deutschland« mit dem Sozio-oekono-
mischen Panel 2016, In: Zeitschrift für Soziologie 2018, 47 (3),
S. 181

3 Vom Unbehagen an der Vielfalt. Eine Analyse des Instituts für
angewandte Sozialwissenschaft für die Bertelsmann Stiftung,
Gütersloh 2018; https://www.bertelsmann-stiftung.de/de/
publikationen/publikation/did/vom-unbehagen-an-der-vielfalt/

4 Aristoteles, Rhetorik, zit. nach Martha Nussbaum: Königreich
der Angst. Gedanken zur aktuellen politischen Krise, Darmstadt
2019, S. 44

5 Martha Nussbaum, a.a.O., S. 49

6 Richard Wilkonson/Kate Pickett: Gleichheit ist Glück. Warum
gerechte Gesellschaften für alle besser sind. Berlin 2012

7   »Wir haben im Moment keinen Zustand von Recht und
    Ordnung. Es ist eine Herrschaft des Unrechts.« Horst Seehofer
    über die Flüchtlingspolitik von Bundeskanzlerin Angela Merkel,
    Tagesspiegel 10.2.2016

8   Martha Nussbaum, a.a.0., S. 241

9   Interview mit dem Hirnforscher Christian Keysers in: Der
    Spiegel vom 15.7.2013; http://www.spiegel.de/spiegel/
    print/d-103361816.html

10 Jeremy Rifkin: Die empathische Revolution, Frankfurt a.M./New
    York 2010

11 George Lakoff/Mark Johnson: Philosophy in the Flesh. The
    Embodied Mind an Its Challenge to Western Thought, New York
    1999

12 Fritz Breithaupt: Kulturen der Empathie, Frankfurt a.M. 2009,
    S. 8, zitiert nach: Hartmut Rosa: Resonanz. Eine Soziologie der
    Weltbeziehung, Berlin 2016, S. 280

13 Rosa, a.a.O., S. 285

14 Rosa, a.a.O., S. 285

15 Siehe das Kapitel über Angst und Mut

16 Elisabeth Wehling: Politisches Framing. Wie sich eine Nation ihr
    Denken einredet und daraus Politik macht, Köln 2016

17 Damit sind nicht Slogans wie »Leistung muss sich wieder lohnen«
    gemeint. Dahinter steckt meistens der Wunsch nach möglichst
    niedriger Steuer und nicht nach Anerkennung von Leistung.

18 John Rawls: Eine Theorie der Gerechtigkeit. Frankfurt a. M. 2015

19 Ebd., S. 81

20 Heinz Bude: Solidarität. Die Zukunft einer großen Idee.
    München 2019, S. 56

21 Hannah Arendt: Freiheit und Politik, 1959

22 Ebd.

23 Axel Honneth: Das Recht der Freiheit. Grundriss einer demo-
    kratischen Sittlichkeit, Berlin 2011

24 Siehe dazu auch: Lisa Herzog: Freiheit gehört nicht nur den
    Reichen. A.a.O.

25 Philip Pettit: Gerechte Freiheit. Ein moralischer Kompass für
    eine komplexe Welt, Berlin 2015

26 Die polizeiliche Kriminalstatistik für 2018 findet sich im
    Online-Angebot des Bundeskriminalamts: https://www.bka.de/
    DE/AktuelleInformationen/StatistikenLagebilder/Polizeiliche-
    Kriminalstatistik/pks_node.html

III. Verantwortung übernehmen – Zukunft gestalten

1 Die Unterscheidung geht vor allem auf Ferdinand Tönnies zurück: Gemeinschaft und Gesellschaft, Darmstadt 1979.

2 Ralf Fücks hat das autoritäre, antiliberale Denken und seine geistigen Wurzeln, die vor allem auf Carl Schmitt zurückgehen, eingehender analysiert: Freiheit verteidigen. Wie wir den Kampf um die offene Gesellschaft gewinnen. Berlin 2017

3 Sehr lesenswert dazu: Isolde Charim: Ich und die Anderen. Wie die neue Pluralisierung uns alle verändert, Wien 2018

4 Zur Theorie und Praxis des Populismus siehe auch: Jan-Werner Müller. Was ist Populismus? Frankfurt a. M., 2016

5 Vgl. Lisa Herzog: Freiheit gehört nicht nur den Reichen. Plädoyer für einen zeitgemäßen Liberalismus, München 2013, S. 21

6 Zu dem Thema siehe auch die Empfehlungen der Expert*innen-kommission des Zentrums für Liberale Moderne »Sicherheit im Wandel«, Berlin 2019

7 ARD/ZDF-Onlinestudie 2018; http://www.ard-zdf-onlinestudie. de/ardzdf-onlinestudie-2018/

8 die medienanstalten – ALM GbR: Vielfaltsbericht der Medienan-stalten 18, Berlin 2018, S. 18; https://www.die-medienanstalten. de/publikationen/vielfaltsbericht/news/vielfaltsbericht-der-me-dienanstalten-2018/

9 Ebd., S. 24

10 Sascha Hölig, Uwe Hasebrink: Reuters Institute Digital News Report 2018 – Ergebnisse für Deutschland via Hans-Bredow-In-stitut, Hamburg 2018, S. 8; https://hans-bredow-institut.de/ uploads/media/Publikationen/cms/media/t611qnd_44RD-NR18_Deutschland.pdf

11 Vgl. Carmen Schmidt und Jan Knipperts: Politische Generatio-nen, demografischer Wandel und Wahlverhalten in der Bundes-republik Deutschland: Schicksalsjahre des deutschen Parteien-systems? In: Zeitschrift für Parlamentsfragen 4/2013, S. 874

12 Vgl. Wilhelm Bürklin: Wählerverhalten und Wertewandel, Opladen 1988, S. 101

13 Ebd., S. 101

14 Schmidt/Knipperts, a.a.O., S. 875 ff.

15 Der Name Generation X wurde von übernommen aus der Romanvorlage von Douglas Coupland: Generation X – Ge-schichten für eine immer schneller werdende Kultur, Berlin 1994

16 Vgl. Schmidt/Knipperts, a.a.O., S. 881 ff.

17 Wahlanalyse der Europawahl 2019 von Infratest Dimap im Auftrag der ARD. Veröffentlicht am 27.5.2019; https://wahl. tagesschau.de/wahlen/2019-05-26-EP-DE/umfrage-alter.shtml

18 Schmidt/Knipperts, a.a.O., S. 883

19 Vgl.: Andreas Reckwitz: Die Gesellschaft der Singularitäten. Zum Strukturwandel der Moderne, Berlin 2017, S. 10

20 Vgl. 17. Shell-Jugendstudie, Frankfurt a. M. 2015, S. 18

21 Generation Y. Das Selbstverständnis der Manager von morgen. Eine Trendstudie des Zukunftsinstituts im Auftrag von Signium International. Veröffentlicht 2013; https://www.zukunftsinstitut. de/fileadmin/ user_upload/Publikationen/Auftragsstudien/ studie_generation_y_signium.pdf

22 Heinz Bude: Solidarität. a.a.O., S. 70

23 Vgl. 17. Shell-Jugendstudie, a.a.O., S. 183

24 Zukunftsinstitut, a.a.O., S. 10

25 Ebd., S. 15

26 Vgl. Shell-Jugendstudie, a.a.O., S. 18, S. 52.

27 Stefan Mayr / Veronika Wulf: Die erste Frau an der Spitze eines DAX-Unternehmens, veröffentlicht 11.10.2019; https://www. sueddeutsche.de/wirtschaft/sap-jennifer-morgan-erste-frau-dax-1.4636377

28 Deutsches Zentrum für Hochschul- und Wissenschaftsfor-schung, Statistisches Bundesamt: Anteil von Männern und Frauen an verschiedenen Status- und Abschlussgruppen im Hochschulbereich; dieses Werk ist lizenziert unter einer Datenlizenz Deutschland Namensnennung 2.0. (https://www. govdata.de/dl-de/by-2-0); http://www.datenportal.bmbf.de/ portal/de/Tabelle-2.5.83.html

29 Bundesverband Deutscher Stiftungen e.V. (Hrsg.): Zahlen, Daten, Fakten zum deutschen Stiftungswesen, Berlin 2017, S. 86; https://shop.stiftungen.org/media/mconnect_uploadfiles/z/a/ zahlen-daten-fakten-2017.pdf

30 EAF Berlin, Helga Lukoschat, Jana Belschner: Macht zu gleichen Teilen. Ein Wegweiser zu Parität in der Gesellschaft, Berlin 2017, S. 8; https://www.frauen-macht-politik.de/fileadmin/Dokumen-te/Wegweiser_zu_Paritaet_in_der_Politik_web.pdf

31 Kürschner Volkshandbuch: Abgeordnete, Frauen und Männer; https://www.bundestag.de/abgeordnete/biografien/mdb_zah-len_19/frauen_maenner-529508

32 https://www.bayern.landtag.de/parlament/land-tag-von-a-z/#frauenimlandtag

33 Vgl. EAF Berlin, Helga Lukoschat, Jana Belschner, a.a.O., S. 43 ff.

34 WSI GenderDatenPortal, Hans-Böckler-Stiftung: Einkommen, Gender Pay Gap 2006–2018; https://www.boeckler.de/52854.htm

35 Eurostat (online data code: sdg_05_20): The unadjusted gender pay gap, 2017; https://ec.europa.eu/eurostat/statistics-explained/images/0/0a/The_unadjusted_gender_pay_gap%2C_2017_%-28difference_between_average_gross_hourly_earnings_of_male_and_female_employees_as_%25_of_male_gross_ear-nings%29.png

36 Glassdoor Economic Research: Progress on the Gender Pay Gap: 2019, USA, S. 50; https://www.glassdoor.com/research/app/uploads/sites/2/2019/02/Gender-Pay-Gap-2019-Research-Re-port.pdf

37 Bundesministerium für Familie, Senioren, Frauen und Jugend (Hrsg.): Gender Pension Gap. Entwicklung eines Indikators für faire Einkommensperspektiven von Frauen und Männern, Berlin 2011, Seite 7; https://www.bmfsfj.de/blob/93950/422daf61f3dd6d0b08b06dd44d2a7fb7/gender-pen-sion-gap-data.pdf

38 Bundesministerium für Familie, Senioren, Frauen und Jugend: Zweiter Gleichstellungsbericht der Bundesregierung, Berlin 2017, S. 96; https://www.bmfsfj.de/blob/117916/7a2f8ecf6cbe805c-c80edf7c4309b2bc/zweiter-gleichstellungsbericht-data.pdf

39 WSI GenderDatenPortal, Hans-Böckler-Stiftung: Gender, unbezahlte Arbeit – Frauen leisten mehr, Düsseldorf 2017; https://www.boeckler.de/108549_108559.htm#

40 Dr. Martha M. Lauzen: It's a Man's (Celluloid) World 2018: Portrayals of Female Characters in the Top Grossing Films of 2018, S. 2 ff; https://womenintvfilm.sdsu.edu/wp-content/uploads/2019/02/2018_Its_a_Mans_Celluloid_World_Report.pdf